D1691030

Die Erben des Don Juan

Roman Katzer (Hg.)

Die Erben des Don Juan

Gespräche mit Carlos Castaneda,
Florinda Donner-Grau und Taisha Abelar

HANS-NIETSCH-VERLAG

Originalausgabe
© 2005 by Hans-Nietsch-Verlag
Alle Rechte vorbehalten.

Nachdruck, auch auszugsweise, nur mit ausdrücklicher
Genehmigung des Verlages gestattet.

Deutsche Erstausgabe *Der Weg der Tolteken* beim Fischer Taschenbuch-
verlag, 1987
Originalausgabe »Dialogo a fondo con C. Castaneda« im argentinischen
Magazin *Mutantia*
© 1979 by Graciela N. V. Corvalán

Aus dem Spanischen von Joachim A. Frank

Originalausgabe »You Only Live Twice« erschienen im amerikanischen
Magazin *Details*
© 1994 by Bruce Wagner

Originalausgabe »Being-In-Dreaming« erschienen im kanadischen
Magazin *Dimensions*
© 1992 by Alexander Blair-Ewart

Originalausgabe »The Art of Stalking« erschienen im kanadischen
Magazin *Dimensions*
© 1992 by Alexander Blair-Ewart

Aus dem Amerikanischen von Norbert Claßen

Lektorat: Ruth Klingemann
Korrektorat: Sylvia Schaible, Martina Klose
Umschlaggestaltung: Wilfried Pechtheyden
Satz: Hans-Jürgen Maurer

Hans-Nietsch-Verlag, Postfach 228, 79002 Freiburg
www.nietsch.de
info@nietsch.de

ISBN: 3-934647-77-4

Nur als Krieger kann man auf dem Pfad des Wissens überleben. Denn die Kunst des Kriegers ist es, den Schrecken, ein Mensch zu sein, und das Wunder, ein Mensch zu sein, in Einklang zu bringen.

(Don Juan in *Reise nach Ixtlan*)

Inhalt

Vorwort 9

Teil I

Der Weg der Tolteken
Ein Gespräch mit Carlos Castaneda
von Graciela Corvalán

Einführung 15
Die Begegnung 17
Don Juan stirbt nicht 34
Die linke Seite des Adlers 50
Die Freiheit, makellos zu sein 53
Der Weg der Eigenliebe 57
Die Traum-Übung 66
Der Abschied 88

Teil II

Du lebst nur zweimal
Gespräche mit den Erben des Don Juan
von Bruce Wagner

Einführung 93
Common Sense tötet 95
Der Weg hinaus 97
Der Stein des Anstoßes 98
Aktionstheater der Zauberei 99
Die gigantische Tür 103
Die Huren der Wahrnehmung 104
Der großartige Affe 107
Kritische Masse 109
Das natürliche Erbe der empfindenden Wesen 113
No se habla Español aqui 115
Das Zauberer-Einmaleins 117
Die Spurrillen der Zeit 118
Sich wieder verlieben 121

Rekapituliere dein Leben! 123
Was Sie schon immer über Energie wissen wollten 126
Der Pfad des Coyoten 128
Carlos Castanedas Intimbereich 131
Das Kriterium dafür, tot zu sein 132
Bewusstheit montieren 134
Der Boykott des Historienspiels 137
Die Ankunft der Gäste 140
Der Index der Absicht..........................141
Armes Babytum 143
Bekenntnisse eines Bewusstheits-Abhängigen 144
Die gefiederte Schlange 146
Die Einsamkeit des Langstrecken-Replikanten 148
Fußnote für Feministinnen 149
Nur für deine Augen 151
Das Jucken des Nagual 154
Das Verlöschen der Lichter 156

Teil III

Die Kunst des Träumens
Ein Gespräch mit Florinda Donner-Grau
von Alexander Blair-Ewart
Einführung 161
Interview 163

Teil IV

Die Kunst des Pirschens
Taisha Abelar über die wahre Freiheit
Ein Interview von Alexander Blair-Ewart
Einführung 205
Interview 207
Form- und musterlos 217
Der Übergang der Zauberer 229

Bibliographie 246

Vorwort

Carlos Castaneda veröffentlichte bis zu seinem Tod im April 1998 zwölf Bücher über seine Lehrzeit bei dem inzwischen legendären mexikanischen Zauberer Don Juan Matus. Seine Werke erreichten ein Millionenpublikum und wurden allesamt zu Bestsellern – und doch blieb der Autor selbst ein Geheimnis, ein in einen Nebel gehülltes Phantom, das öffentliche Auftritte scheute, für Interviews nicht zur Verfügung stand und sich nicht fotografieren ließ. Kein Wunder, dass das Gerücht entstand, der Autor der *Lehren des Don Juan* existiere gar nicht und die Lehren selbst seien nichts weiter als eine ausgeklügelte Fiktion.

Bis zu den frühen 90er Jahren des letzten Jahrhunderts war es nur einer Hand voll auserlesener Personen gelungen, den publikumsscheuen Autor zu sprechen, wie etwa der Literatur-Professorin Graciela Corvalán, die ihre Begegnungen mit Carlos Castaneda in *Der Weg der Tolteken* schildert. Als ihr erstaunlicher Bericht 1987 als Buch in deutscher Sprache erschien, wurde es rasch zum Geheimtipp in der »Castaneda-Szene«. Inzwischen ist der Band vergriffen und wir haben uns entschlossen, dieses hervorragende Zeugnis einer interessierten Leserschaft wieder zugänglich zu machen.

Durch Corváláns Aufzeichnungen wurde Castaneda als Person eher greifbar und die teils fantastisch anmutenden Lehren Don Juans wurden ein wenig glaubhafter. Ein Effekt, der wenige Jahre später durch zwei Veröffentlichungen von Castanedas Mitschülerinnen verstärkt wurde. Florinda Donner-Grau publizierte im Jahr 1991 mit *Der Pfad des Träumens* einen mitreißenden Bericht über ihre eigene Lehrzeit bei Don Juan, und Taisha Abelar folgte im Jahr 1992 mit ihrem Werk *Die Zauberin* nach. In beiden Büchern erscheint Castaneda neben den bekannten Akteuren aus seinen eigenen Büchern und gewinnt als Mensch und Meisterschüler des Don Juan Gestalt.

Die Veröffentlichungen von Donner-Grau und Abelar leiteten eine neue Phase der Offenheit ein, in der sowohl die »Hexen«, wie die beiden ungewöhnlichen Frauen sich selbst nennen, als auch Castaneda zunehmend an die Öffentlichkeit traten, um ihre Lehren – das Vermächtnis des Don Juan – allen Interessierten zugänglich zu machen. Aus dieser Zeit stammen die weiteren erstaunlichen Beiträge, die im vorliegenden Buch enthalten sind: drei Gespräche jüngeren Datums, die gemeinsam eine hervorragende Einführung in das Thema der toltekischen Zauberei bilden und darüber hinaus in Teile der Lehren des Don Juan einführen, die in den Büchern unerwähnt bleiben oder nur am Rande erwähnt werden.

Ein besonderer Leckerbissen ist »Du lebst nur zweimal«, ein lebensnahes Porträt, das Bruce Wagner von Carlos Castaneda und seinen Gefährtinnen Florinda

Donner-Grau, Taisha Abelar und der geheimnisvollen Nagual-Frau Carol Tiggs zeichnet. Wer sich durch den Titel an einen James-Bond-Film und an Hollywood erinnert fühlt, liegt ganz richtig: Wagner ist Schriftsteller und Drehbuchautor, aus dessen Feder die Vorlagen für einige Hollywood-Filme von Größen wie Francis Ford Coppola und Oliver Stone stammen. In diesem faszinierenden Text gelingt es ihm nicht nur, die Gruppe um Castaneda und ihre Arbeit effektvoll in Szene zu setzen, er trifft mitten ins Herz und reduziert die Lehren des Don Juan auf ihren wahren Gehalt, auf ihre Essenz.

Fragen, die nach der Lektüre dieses Thrillers noch übrig geblieben sein mögen, beantworten Florinda Donner-Grau und Taisha Abelar in den abschließenden Teilen dieses Buches. Dabei handelt es sich um Gespräche, die beide mit dem kanadischen New-Age-Autor Alexander Blair-Ewart geführt haben.

In »Die Kunst des Träumens« spricht Florinda Donner-Grau nicht nur über die Feinheiten ihrer Kunst (einer der beiden großen Künste der toltekischen Zauberer, die den Kern der Lehren des Don Juan ausmachen), sondern auch über die Rolle der Frau in der Welt der Zauberei – ein bewegendes Zeugnis eines neuen Feminismus. Taisha Abelar führt den Leser in »Die Kunst des Pirschens« ebenso wortgewandt in die andere große Kunst der Tolteken ein und gibt dabei zahlreiche praktische Tipps zur Rekapitulation des Lebens und dazu, wie man erfolgreich das Ego bekämpft und den inneren Dialog anhält, ohne dabei den Verstand zu verlieren.

Jedes einzelne dieser vier Gespräche ist ein literarisches Kleinod, ein lebendiger Weckruf und eine spirituelle Lektion zugleich. In ihrer Kombination gestatten sie es sowohl Anfängern als auch Fortgeschrittenen auf dem spirituellen Weg, vom Wissen der Tolteken und dem Vermächtnis des Don Juan zu profitieren.

Roman Katzer
Herausgeber

Teil I

Der Weg der Toltken

Einführung des Herausgebers

Die folgenden Gespräche von Graciela Corvalán mit Carlos Castaneda fanden im Jahr 1979 statt. Sie hatte ihm zuvor zwei Briefe geschrieben und war selbst mehr als überrascht, dass der publikumsscheue Autor sie kurz darauf anrief und sofort bereit war, sich von ihr interviewen zu lassen.

Vielleicht half ihr dabei die Tatsache, wie Corvalán selbst mutmaßt, dass sie genau wie Castaneda aus Argentinien stammt und auch vom Schicksal in die USA verschlagen wurde. Vielleicht war es auch so, dass sie bloß Glück hatte und Castaneda ausgerechnet ihren Brief aus einem Sack voller Briefe zog – eine Art magisches Ritual, das er von Zeit zu Zeit vollführte, um sich dann mit ungeteilter Aufmerksamkeit dem betreffenden Brief und der daraus folgenden Aufgabe zu widmen.

Wie dem auch sei, herausgekommen ist ein einzigartiges Zeugnis aus der Zeit, als Don Juan die Welt bereits verlassen hatte, um in die vollkommene Freiheit zu entschwinden, und Castanedas eigene Arbeit einen Höhepunkt erreichte, auf den wir später noch zu sprechen kommen. In der Zeit zwischen den frühen 70er und den späten 80er Jahren des letzten Jahrhunderts gab Castaneda jedenfalls kein weiteres Interview, und insofern ist der folgende Bericht ganz gewiss eine Trouvaille, ein Glücksfall, wie der inzwischen verstorbene Castaneda-Lektor Willi Köhler im Vorwort zur deutschen Erstausgabe von *Der Weg der Tolteken* meinte. Köhler schrieb weiter: »Es ist dem Geschick der Interviewerin zu danken, ihrer Kunst des Fragens und Darstellens, dass Castaneda von Anfang bis Ende des kunstvoll komponierten Textes in erstaunlicher Intensität präsent ist und eine solche Fülle an Einzelheiten seines äußeren und inneren Lebens preiszugeben bereit ist.«

Dem können wir nur beipflichten und wünschen unseren Lesern viel Vergnügen und einsichtsvolle Momente bei der Lektüre des ungekürzten Textes.

Der Weg der Tolteken

Ein Gespräch mit Carlos Castaneda
von Graciela Corvalán

Die Begegnung

Ich hatte ihm vor einigen Monaten geschrieben (zwei Briefe, um genau zu sein), und dann hatte mich Carlos Castaneda angerufen. Das war Mitte Juli gewesen. Sein Anruf kam für mich völlig überraschend. Castaneda sprach lange, und ohne dass ich ihn darum gebeten hätte, erklärte er sich bereit, mir Auskünfte zu geben.

Castaneda war daran interessiert, mich kennen zu lernen und mit mir zu sprechen. Es lag ihm daran, mir verständlich zu machen, dass *die Aufgabe*, der er sich widmete, von großer Wichtigkeit war. »Ich bin weder ein Guru noch ein Scharlatan«, sagte er und spielte damit auf einige Kritiker und Journalisten an. Castaneda ist ein ernsthafter Forscher, der über seine derzeitigen Tätigkeiten in Mexiko und über seine erkenntnistheoretische Arbeit sprechen wollte. Ihm zufolge begreift der Europäer nicht, dass es auch andere gibt, die denken, und dass es eine andere Beschreibung der Wirklichkeit gibt als die seine.

Als er schon in Los Angeles war, rief mich Carlos Castaneda wieder an. Da er mich nicht erreichte, hinterließ er eine Nachricht, wann und wo wir uns treffen wollten. »Fahren Sie bei der und der Straße vom Freeway herunter und biegen Sie dort und dort nach rechts ab. Fahren Sie an vier Verkehrsampeln vorbei, dann kommt zur Linken die Kirche der Unbefleckten Empfängnis, aber die lassen Sie links liegen. Sie biegen nach rechts ab und sind auch schon vor dem Campus der *UCLA* (*University of California*, Los Angeles; Anm. d. Hg.). Fahren Sie auf den Parkplatz. Da es Sonntag ist, wird niemand dort sein und Sie kommen ohne Probleme hinein. Im Allgemeinen trifft man dort am Wochenende nur wenige Leute. Um vier Uhr dann bei der Einfahrt.« Castaneda erwartete uns in einem braunen Volkswagen. An diesem Abend und am folgenden Vormittag arbeitete ich fieberhaft an meinen Notizen. Ich hatte wenig geschlafen, war aber nicht müde. Gegen ein Uhr nachmittags machten sich meine Freunde und ich in Richtung Campus der *UCLA* auf den Weg. Wir hatten etwas mehr als zwei Stunden zu fahren.

Wir folgten den Anweisungen Castanedas und fanden ohne Schwierigkeiten das Einfahrtstor des Parkplatzes der *UCLA*. Es war Viertel vor vier. Wir parkten an einer mehr oder weniger dunklen Stelle.

Um Punkt vier hob ich den Blick und sah sie auf unser Auto zukommen: meine Freundin mit einem dunkelhäutigen Mann, der etwas kleiner war als sie. Castaneda trug Bluejeans und eine helle cremefarbene Hemdjacke mit offenem Kragen (ohne Taschen). Ich stieg aus und ging den beiden rasch entgegen. Nach der Begrüßung und den üblichen Höflichkeitsfloskeln fragte ich ihn, ob ich ein Tonbandgerät benutzen dürfe. Wir hatten eines im Wagen für den Fall, dass er es erlaubte. »Nein, lieber nicht«, antwortete er mit einem Schulterzucken. Wir holten die Notizen,

Hefte und Bücher aus dem Wagen. Mit Büchern und Papieren beladen, ließen wir uns von Castaneda führen. Er kannte den Weg gut. »Dort drüben stehen ein paar schöne Bänke«, sagte er und deutete mit der Hand in die Richtung.

Castaneda legte den Ton des Gesprächs und die Themen, die wir behandeln wollten, von Anfang an fest. Mir wurde klar, dass ich all die Fragen, die ich mir mühsam zurechtgelegt hatte, gar nicht brauchen würde. Wie er schon am Telefon gesagt hatte, wollte er mit uns über die Aufgabe sprechen, der er sich widmete, und über die Bedeutung und Ernsthaftigkeit seiner Forschungen. Das Gespräch wurde anfangs auf Spanisch geführt. Er bedient sich der Sprache fließend und mit viel Sinn für Humor. Castaneda ist ein Meister in der Kunst der Konversation. Wir sprachen ganze sieben Stunden lang. Die Zeit verging, ohne dass seine Begeisterung oder unsere Aufmerksamkeit nachließ. Je mehr Vertrauen er fasste, desto häufiger gebrauchte er typisch argentinische Ausdrücke, um sich gewissermaßen damit zu brüsten, dass er »einer aus Buenos Aires« war – eine liebenswürdige Geste uns gegenüber, die wir alle aus Argentinien stammten. Ich muss erwähnen, dass, obwohl sein Spanisch korrekt ist, seine Muttersprache ganz offensichtlich die englische ist. Er machte reichlich Gebrauch von englischen Wörtern und Ausdrücken, für die wir ihm die entsprechenden spanischen nannten. Dass Englisch seine Sprache ist, zeigt sich auch an seinem Satzbau und an seinen Redewendungen. Den ganzen Nachmittag lang bemühte sich Castaneda, das Gespräch nicht intellektuell werden zu lassen. Obwohl er zweifellos viel gelesen hat und die verschiedenen Denkströmungen kennt, stellte er niemals Vergleiche mit anderen Traditionen der Vergangenheit oder Gegenwart an. Er vermittelte uns »die toltekische Lehre« mit Hilfe anschaulicher Bilder, die keine spekulative Deutung zuließen. Auf diese Weise gehorchte Castaneda nicht nur seinen Lehrern, sondern er blieb auch dem Weg treu, den er gewählt hat – er wollte seine Lehre durch nichts verfälschen, was ihr fremd war.

Kurz nach unserem Zusammentreffen wollte er die Gründe für unser Interesse an seiner persönlichen Bekanntschaft erfahren. Er wusste schon von den Rezensionen, die ich gegebenenfalls schreiben wollte, und von meinem geplanten Buch mit Interviews. Aber über alles Berufliche hinaus hoben wir die Bedeutung seiner Bücher hervor, die uns und viele andere so sehr beeinflusst hatten. Wir hatten ein tiefes Interesse daran, die Quelle dieser Lehre kennen zu lernen.

Wir waren bei einer Bank angekommen und setzten uns in den Schatten der Bäume.

»Mir hat Don Juan alles gegeben«, begann er. »Als ich ihn kennen lernte, hatte ich kein anderes Interesse als die Anthropologie, aber von dieser Begegnung an änderte ich mich. Und was mit mir geschehen ist, würde ich gegen nichts tauschen!« Don Juan war mitten unter uns. Jedes Mal, wenn Castaneda ihn erwähnte oder sich an ihn erinnerte, spürten wir seine Gemütsbewegung. Er sagte uns über Don Juan, dass er eine Ganzheit von vollkommener Intensität sei, jeden Augenblick imstande, sich ganz zu geben. »Sich jeden Augenblick ganz zu geben ist sein

Prinzip, seine Regel«, sagte er. Dass Don Juan so ist, kann nicht erklärt werden, und es wird selten verstanden. »Er *ist* einfach.« In *Der zweite Ring der Kraft* erinnert sich Castaneda an eine besondere Eigenschaft von Don Juan und Don Genaro, die allen anderen fehlte. Er schreibt dort: »Keiner von uns war bereit, dem anderen *ungeteilte Aufmerksamkeit* zu schenken, wie Don Juan und Don Genaro es getan hatten« (S. 194).* Diese Worte weisen auf dieses *in jedem Augenblick ganz Sein* hin, auf diese *Gegenwärtigkeit,* die Don Juan ist. Bei vielen Gelegenheiten wird sich Castaneda auf dieses »Handeln« beziehen, auf diesen vollkommen selbstlosen und freien Akt des Seins.

Nach *Der zweite Ring der Kraft* war ich voller Fragen. Das Buch interessierte mich sehr, vor allem nach der zweiten Lektüre, aber ich hatte kritische Kommentare gelesen. Auch ich selbst hatte gewisse Zweifel. Ich sagte, ich glaubte, die *Reise nach Ixtlan* habe mir am besten gefallen, ohne dass ich recht wisse, warum. Castaneda hörte mir zu und erwiderte meine Worte mit einer Gebärde, die zu sagen schien: Was habe ich mit den Geschmäckern all dieser Leute zu schaffen? Ich sprach weiter, suchte nach Begründungen und Erklärungen. »Vielleicht bevorzuge ich das Buch deshalb, weil man in der *Reise nach Ixtlan* so viel Liebe spürt«, sagte ich. Castaneda verzog das Gesicht. Das Wort *Liebe* behagte ihm nicht. Möglicherweise hatte der Ausdruck für ihn die Nebenbedeutungen »romantische Liebe«, »Sentimentalität« oder »Schwäche«.

---

* Kursivschreibung durch die Autorin.

Ich versuchte, mich genauer auszudrücken, und bestand darauf, dass die letzte Szene der *Reise nach Ixtlan* voller Intensität sei. Dem stimmte Castaneda zu. Ja, damit sei er einverstanden. »Intensität, ja«, sagte er. »Das ist das richtige Wort.« Ich blieb bei demselben Buch und sagte ihm, dass mir einige Szenen entschieden »grotesk« vorgekommen seien. Ich fand für sie keine Rechtfertigung. Castaneda gab mir Recht. »Ja, das Benehmen dieser Leute ist unkonventionell und grotesk, aber diese Erfahrung war notwendig, um in Aktion treten zu können«, sagte er. Castaneda brauchte diesen »Schock«.

»Ohne Gegner sind wir nichts«, fuhr er fort. »Gegen etwas zu sein ist der menschlichen ›Form‹ eigen. Das Leben ist Krieg, Kampf. Der Friede ist eine Anomalie.« Er kam auf den Pazifismus zu sprechen und bezeichnete ihn als »Ungeheuerlichkeit«, weil wir Menschen seiner Meinung nach »Wesen der Gewinne und Kämpfe sind«.

Ich vermochte mich nicht zurückzuhalten und sagte, ich könne nicht gelten lassen, dass er den Pazifismus als Ungeheuerlichkeit abqualifiziere. »Und Gandhi? Wie sehen Sie zum Beispiel Gandhi?« »Gandhi«, antwortete er, »ist kein Pazifist. Gandhi ist einer der gewaltigsten Kämpfer, die es je gegeben hat. Und was für ein Kämpfer!« Ich begriff, dass Castaneda den Wörtern ganz eigene Bedeutungen beimisst. Der »Pazifismus«, auf den er angespielt hatte, konnte nur der Pazifismus des Schwachen sein, des Menschen, der nicht genug Schneid hat, um etwas anderes zu sein und zu tun; der nichts tut, weil er keine Energie und keine Ziele im Leben hat; mit einem Wort, der Pazifismus, der eine selbstgefällige und hedonistische Einstellung widerspiegelt.

Mit einer großen Gebärde, die eine ganze Gesellschaft ohne Werte, ohne Willen und Energie einschloss, sagte er: »Alle drogensüchtig ... Ja, Hedonisten!«

Castaneda erklärte diese Begriffe nicht, und wir baten ihn auch nicht darum. Ich glaubte verstanden zu haben, dass die Askese des Kriegers zum Teil darin besteht, sich von der menschlichen »Form« zu befreien, aber die ungewöhnlichen Kommentare Castanedas hatten mich verwirrt. Dennoch wurde mir nach und nach klar, dass der Umstand, dass wir »Wesen der Gewinne und Kämpfe« sind, eine grundlegende Ebene darstellt. Das ist das Rohmaterial, von dem man ausgeht. Don Juan spricht in den Büchern immer vom korrekten »Tonal« eines Menschen. Hier beginnt die Lehrzeit und geht auf eine andere Ebene über. »Man kann nicht auf die andere Seite hinüber, ohne die menschliche ›Form‹ zu verlieren«, sagte Castaneda. Ich blieb bei diesen Aspekten seines Buches, die mir nicht klar geworden waren, und fragte ihn nach den »Höhlungen« oder »Löchern«, die in den Menschen durch die einfache Tatsache zurückbleiben, dass sie sich fortgepflanzt haben. »Ja«, sagte Castaneda. »Es gibt Unterschiede zwischen Menschen, die Kinder haben, und solchen, die keine haben. Um auf Zehenspitzen am Adler vorbeizugehen, muss man heil und ganz sein. Ein Mensch mit ›Löchern‹ kommt nicht vorbei.«

Die Metapher des »Adlers« sollte er uns später erklären. Im Augenblick blieb sie beinahe unbemerkt, weil sich unsere Aufmerksamkeit auf ein anderes Thema konzentrierte. »Wie erklären Sie die Haltung Doña Soledads gegenüber Pablito und die der Gorda gegenüber ihren Töchtern?«, wollte ich wissen. Den Kindern diesen »Schneid« wieder wegzunehmen, den sie uns bei ihrer Geburt nehmen, war für mich im großen Ganzen etwas Unfassbares. Castaneda gab zu, dass er all das noch nicht gut in ein System gebracht hatte. Er bestand jedoch auf den Unterschieden zwischen Menschen, die sich fortgepflanzt, und solchen, die es nicht getan haben.

»Don Genaro ist vollkommen verrückt! Don Juan dagegen ist ein ernsthafter Narr. Don Juan geht langsam, kommt aber weit. Zuletzt kommen beide an ... Ich habe wie Don Juan Löcher«, fuhr er fort. »Das heißt, dass ich einem anderen Weg folgen muss. Die Genaros dagegen haben ein anderes Vorbild. Die Genaros haben zum Beispiel einen besonderen ›Schneid‹, den wir nicht haben. Sie sind nervöser und gehen schnell ... Sie sind sehr leicht; nichts hält sie auf.

Diejenigen, die wie La Gorda und ich Kinder haben, besitzen andere Merkmale, die diesen Verlust ausgleichen. Man ist gelassener, und obwohl der Weg lang und mühselig ist, kommt man auch an. Im Allgemeinen verstehen diejenigen, die Kinder haben, wie man für andere sorgt. Das bedeutet nicht, dass es die Kinderlosen nicht können, aber es ist anders ...

Im Allgemeinen weiß einer nicht, was er tut. Man ist unbedacht und dann zahlt man dafür. Ich wusste nicht, was ich tat!«, rief er und meinte zweifellos sein eigenes Leben.

»Bei meiner Geburt nahm ich meinem Vater und meiner Mutter alles«, sagte er. »Sie waren völlig zerstört! Ich musste ihnen diesen ›Schneid‹ zurückgeben, den ich ihnen genommen hatte. Jetzt muss ich den ›Schneid‹ wiedergewinnen, den ich verloren habe.«

Es sieht so aus, als könnte das mit den »Löchern«, die man schließen muss, etwas mit biologischen Atavismen zu tun haben. Wir wollten wissen, ob das »Löcherhaben« nicht wiedergutzumachen sei. »Doch«, antwortete er. »Man kann sich heilen. Nichts im Leben ist unwiderruflich. Es ist immer möglich zurückzugeben, was nicht unser ist, und zurückzugewinnen, was einem gehört.« Dieser Gedanke des Zurückgewinnens hängt mit einem ganzen »Weg der Lehrzeit« zusammen, einem Weg, auf dem es nicht genügt, eine oder mehrere Techniken zu kennen oder zu praktizieren, sondern der die individuelle und tiefe Verwandlung des Wesens erfordert. Es geht dabei um alles – ein zusammenhängendes Lebenssystem mit konkreten und präzisen Zielen. Nach einem kurzen Schweigen fragte ich ihn, ob *Der zweite Ring der Kraft* ins Spanische übersetzt worden sei. Laut Castaneda besaß ein spanischer Verlag die Rechte, aber er wusste nicht, ob das Buch schon erschienen war oder nicht. »Die Übersetzungen ins Spanische hat Juan Tovar gemacht, der ein guter Freund von mir ist.« Juan Tovar benutzte die Aufzeichnungen in spanischer Sprache, die Castaneda selbst ihm zur Verfügung gestellt hatte und die von einigen Kritikern angezweifelt wurden.

Die Übersetzung ins Portugiesische scheint sehr schön zu sein. »Ja«, sagte Castaneda. »Diese Übersetzung stützt sich auf die französische. Sie ist wirklich sehr gut.«

In Argentinien waren seine ersten beiden Bücher verboten worden.* Als Grund gab man, wie es scheint, die Sache mit den Drogen an. Castaneda wusste es nicht. »Warum?«, fragte er uns, und dann sagte er, ohne unsere Antwort abzuwarten: »Ich denke mir, es ist das Werk der ›Mutterkirche‹.«** Zu Beginn unseres Gesprächs erwähnte Castaneda etwas von der »toltekischen Lehre«. Auch in *Der zweite Ring der Kraft* ist von den »Tolteken« und vom »Tolteke-Sein« die Rede. »Was bedeutet das, ein Tolteke sein?«, fragten wir ihn. Nach Castaneda stellt das Wort »toltekisch« eine sehr umfassende Bedeutungseinheit dar. Man sagt von jemandem, er sei Tolteke, wie man von einem anderen sagt, dass er Demokrat oder Philosoph ist. So wie er es gebraucht, hat das Wort nichts mit seiner anthropologischen Bedeutung zu tun.*** »Tolteke ist, wer die Geheimnisse des Pirschens und des Träumens kennt.« Sie alle sind Tolteken. Sie bilden eine kleine Gruppe, die es verstanden hat, eine Tradition von mehr als 3000 Jahren lebendig zu erhalten.

Da ich mich mit dem mystischen Denken beschäftigte und besonders daran interessiert war, die Herkunft und

---

* Zur Zeit des Gesprächs war in Argentinien noch die Militär-Junta an der Macht. Argentinien kehrte nach den Wahlen von 1983 zu einer demokratischen Regierungsform zurück.

** Eine offensichtliche Anspielung auf die katholische Kirche. Wie Spanien für Lateinamerika das »Mutterland« ist, so ist die katholische Kirche, die Spanien mit der Eroberung und Kolonisierung mitbrachte, die »Mutterkirche«. Diese Bemerkung hat zweifellos einen ironischen Unterton.

*** Anthropologisch gesehen, bezieht sich der Ausdruck »toltekisch« auf eine indianische Kultur in Mittel- und Südamerika, die schon längst erloschen war, als Spanien Amerika eroberte und kolonisierte.

den Entstehungsort der verschiedenen Traditionen zu entdecken, fragte ich weiter: »Sie glauben also, dass die toltekische Tradition eine Lehre bietet, die Amerika eigen ist?« Das »toltekische Volk« hält an einer Tradition fest, die zweifellos Amerika eigen ist. Castaneda fügte hinzu, es sei möglich, dass die Völker Amerikas etwas aus Asien mitgebracht hätten, als sie über die Behringstraße herüberkamen, aber das alles sei so viele Jahrtausende her, dass es vorerst nur Theorien gebe.

In *Der Ring der Kraft* erzählt Don Juan von den *brujos*, den Hexenmeistern, den Zauberern, diesen »Männern des Wissens«, die der weiße Mann durch die Eroberung und Kolonisierung nicht vernichten konnte, weil er weder etwas von ihnen wusste noch das völlig Unbegreifliche ihrer Welt wahrnahm.

»Wer bildet das toltekische Volk? Arbeiten diese Menschen zusammen und wo?«, fragten wir. Castaneda antwortete auf alle unsere Fragen. Er leitet jetzt eine Gruppe junger Menschen, die in der Gegend von Chiapas, im Süden Mexikos, lebt. Sie hatten sich dort versammelt, weil die Señora, die sie jetzt unterrichtet, dort zu Hause ist. »Dann ... sind Sie also zurückgekehrt?«, musste ich ihn unwillkürlich fragen, da ich mich an das letzte Gespräch Castanedas mit den Schwesterchen am Ende von *Der zweite Ring der Kraft* erinnerte. »Sind Sie rasch zurückgekehrt, so wie es La Gorda von Ihnen verlangte?«

»Nein, rasch nicht, aber zurückgekehrt bin ich«, antwortete er lächelnd. »Ich bin zurückgekehrt, um eine Aufgabe zu beenden, die ich nicht unerledigt lassen konnte.«

Die Gruppe besteht aus etwa vierzehn Mitgliedern. Obwohl den eigentlichen Kern nur acht oder neun Personen bilden, sind alle unentbehrlich für die Aufgabe. Wenn jeder makellos ist, kann man einer großen Zahl von Wesen helfen.

»Die Acht ist eine magische Zahl«, sagte Castaneda unvermittelt. Er beteuerte auch, dass sich der Tolteke nicht allein zurückzieht, sondern mit dem Grundkern der Gruppe geht. Die Zurückbleibenden sind unentbehrlich, um weiterzumachen und die Tradition am Leben zu erhalten. Die Gruppe braucht nicht groß zu sein, aber jeder, der an der Aufgabe mitwirkt, ist unumgänglich nötig für das Ganze.

»La Gorda und ich sind verantwortlich für die Mitglieder. Nun ja, in Wirklichkeit bin ich verantwortlich, aber sie ist meine vertraute Gehilfin bei dieser Aufgabe«, erklärte Castaneda. Dann erzählte er uns von den Mitgliedern der Gruppe, die wir aus seinen Büchern kannten. Er sagte uns, dass Don Juan ein Yaqui-Indianer aus dem Staat Sonora ist. Pablito dagegen ist Mixteke und Nestor Mazateke (aus Mazatlán in der Provinz Sinaloa). Benigno ist Zotsil. Er betonte mehrere Male, dass Josefina keine Indianerin ist, sondern Mexikanerin und dass einer ihrer Großväter französischer Abstammung war. La Gorda gehört wie Nestor und Don Genaro dem Stamm der Mazateken an. »Als ich sie kennen lernte, war La Gorda eine ungeheuer dicke, plumpe und vom Leben schwer gezeichnete Frau«, sagte er. »Niemand, der sie kannte, kann sich jetzt vorstellen, dass die Frau von heute dieselbe ist wie die von damals.« Wir wollten wissen, in welcher Sprache er sich mit allen Angehörigen der Gruppe verständigte und welche Sprache sie im Allgemeinen untereinander gebrauchten. Ich erinnerte ihn daran, dass in seinen Büchern auf einige indianische Sprachen hingewiesen wird.

»Wir verständigen uns auf Spanisch, denn das ist die Sprache, die alle sprechen«, antwortete er. »Außerdem ist weder Josefina noch die toltekische Señora Indianerin. Ich spreche nur ein wenig Indianisch. Einzelne Sätze, Grußformeln und ein paar andere Ausdrücke. Was ich kann, erlaubt mir nicht, ein Gespräch zu führen.« Wir nutzten eine Pause, die er machte, und fragten ihn, ob die Aufgabe, die sie erfüllten, allen Menschen zugänglich sei oder ob es sich um etwas für nur wenige handle.

Da unsere Fragen darauf abzielten, die Relevanz der toltekischen Lehre und den Wert der Erfahrungen der Gruppe für die übrige Menschheit zu erkennen, erklärte uns Castaneda, dass jedes Mitglied der Gruppe spezifische Aufgaben auszuführen habe, sei es in Yucatán, in anderen Gebieten Mexikos oder anderswo.

»Bei der Erfüllung von Aufgaben entdeckt man sehr viele Dinge, die direkt auf die konkreten Situationen des täglichen Lebens anwendbar sind. Man lernt viel, wenn man Aufgaben erfüllt. Die Genaros zum Beispiel haben eine Musikkapelle, mit der sie alle Orte an der Grenze bereisen. Sie können sich vorstellen, dass sie mit vielen Menschen in Berührung kommen. Immer besteht die Möglichkeit, das Wissen weiterzugeben. Immer hilft man. Man hilft mit einem Wort, einer kleinen Andeutung ... Das tut jeder, der seine Aufgabe getreulich erfüllt. Alle Menschen können lernen. Alle haben die Möglichkeit, als Krieger zu leben.

Jeder kann die Aufgabe des Kriegers übernehmen. Wichtig ist nur, dass man es mit einer unbeugsamen Absicht vorhat, das heißt, man muss unerschütterlich sein in dem Wunsch, frei zu sein. Der Weg ist nicht leicht. Ständig suchen wir Ausflüchte und versuchen zu entkommen. Es ist möglich, dass es dem Geist gelingt, aber der Körper spürt alles ... Der Körper lernt rasch und leicht. Der Tolteke kann keine Energie mit Albernheiten vergeuden«, fuhr er fort. »Ich war einer von den Menschen, die nicht ohne Freunde sein können ... Nicht einmal ins Kino konnte ich allein gehen.« Don Juan sagte ihm eines Tages, dass er alles aufgeben und sich von all den Freunden trennen müsse, mit denen er nichts gemein hatte. Lange sträubte er sich gegen diesen Gedanken, bis er ihn sich schließlich zu Eigen machte.

»Eines Tages kehrte ich nach Los Angeles zurück, stieg einen Block vor meinem Haus aus dem Wagen und rief an. Natürlich war mein Haus an diesem Tag wie immer voller Leute. Einer meiner Freunde war am Telefon, und ich bat ihn, ein paar Sachen in einen Koffer zu packen und ihn mir zu bringen. Ich sagte ihm auch, dass sie die übrigen Bücher, Schallplatten etc. unter sich aufteilen konnten. Natürlich glaubten meine Freunde mir nicht und nahmen alles nur als geliehen an«, erklärte Castaneda. Dieser Akt, sich der Bücher und Platten zu entledigen, bedeutet so viel wie mit der ganzen Vergangenheit brechen, mit einer ganzen Welt von Ideen und Emotionen.

»Meine Freunde glaubten, ich sei verrückt, und warteten darauf, dass ich mich wieder von meiner Verrücktheit erholte. Ich sah sie etwa zwölf Jahre lang nicht ... Ja, ungefähr zwölf Jahre«, schloss er.

Nachdem zwölf Jahre vergangen waren, konnte Castaneda sie wieder sehen. Er suchte zuerst einen Freund auf, der ihn dann wieder mit den anderen zusammenbrachte. Sie planten einen Ausflug, bei dem sie zusammen zu Abend essen wollten. Sie hatten einen schönen Tag. Sie aßen viel und seine Freunde betranken sich. »Das Zusammentreffen mit ihnen nach zwölf Jahren war meine Art, mich für die Freundschaft zu bedanken, die sie mir früher entgegengebracht hatten«, sagte Castaneda. »Jetzt sind sie alle erwachsen. Sie haben ihre Familien, Frauen, Kinder ... Trotzdem musste ich ihnen danken. Nur so konnte ich endgültig mit ihnen brechen und einen Abschnitt meines Lebens beenden.« Es ist möglich, dass Castanedas Freunde nicht verstanden und nicht nachfühlen konnten, was er tat, aber dass er ihnen danken wollte und konnte, war etwas sehr Schönes. Castaneda ärgerte sich nicht über sie. Er verlangte nichts von ihnen. Er dankte ihnen aufrichtig für ihre Freundschaft und befreite sich dadurch von dieser ganzen Vergangenheit.

Wir sprachen dann von der Liebe, der »Hochgepriesenen Liebe«. Er erzählte uns einige Anekdoten von seinem italienischen Großvater, der »immer so liebebedürftig«, und von seinem Vater, der »so ein Bohemien« war. »Oh! L'amore! L'amore!«, wiederholte er mehrere Male. Alle seine Bemerkungen schienen die Vorstellungen zu zerstören, die man sich von der Liebe macht. »Ich habe schwer gelernt«, fuhr er fort. »Auch ich war *sehr* liebebedürftig. Es kostete Don Juan viel Mühe, mir begreiflich zu machen, dass ich eine gewisse Verbindung aufgeben musste. Schließlich brach ich mit ihr auf folgende Weise: Ich lud sie zum Abendessen ein und wir trafen uns in einem Restaurant. Während des Essens kam es so wie immer: Es gab einen Streit und sie beschimpfte und beleidigte mich. Zuletzt fragte ich sie, ob sie Geld bei sich habe. Sie sagte ja. Ich gab vor, zu meinem Wagen gehen zu müssen, um meine Brieftasche oder etwas dergleichen zu holen, stand auf und kam nicht mehr zurück. Bevor ich sie verließ, wollte ich mich vergewissern, dass sie genug Geld bei sich hatte, um ein Taxi zu nehmen und nach Hause zu fahren. Seit damals habe ich sie nicht wieder gesehen.

Sie werden es mir nicht glauben, aber die Tolteken sind sehr asketisch«, versicherte er. Ohne seine Worte anzuzweifeln, bemerkte ich, dass das nicht aus *Der zweite Ring der Kraft* hervorging. »Im Gegenteil«, sagte ich. »Ich glaube, dass in Ihrem Buch viele Szenen und Konzepte zu Irrtümern Anlass geben.«

»Wie, glauben Sie denn, hätte ich das klar sagen sollen?«, war seine Antwort. »Ich konnte nicht sagen, dass die Beziehungen zwischen ihnen rein waren, denn es hätte mir nicht nur niemand geglaubt; es hätte auch niemand verstanden.« Für Castaneda leben wir in einer »wollüstigen« Gesellschaft. Alles, was wir an diesem Nachmittag sprachen, würden die meisten Menschen nicht verstanden haben. Castaneda selbst sieht sich genötigt, sich gewissen Forderungen der Verleger zu fügen, die bemüht sind, den Geschmack des Leserpublikums zufrieden zu stellen.

»Die Leute sind auf etwas anderes aus«, fuhr Castaneda fort. »Unlängst zum Beispiel ging ich hier in Los Angeles in eine Buchhandlung und fing an, in den Zeitschriften auf dem Ladentisch zu blättern. Ich stellte fest, dass es eine große Menge von Zeitschriften mit Fotos von nackten Frauen gibt – auch viele mit Männern. Ich weiß nicht, was ich Ihnen sagen soll. Auf einem der Fotos war ein Mann zu sehen, der auf einer Leiter stand und ein elektrisches Kabel verlegte. Er trug einen Schutzhelm und einen breiten Gürtel mit Werkzeugen daran. Das war alles. Im Übrigen war er nackt. Lächerlich! So etwas gibt es einfach nicht! Eine Frau hat Anmut ... Aber ein Mann!« Als Erklärung fügte er hinzu, das komme daher, dass die Frauen dank ihrer langen Geschichte in dieser Art von Dingen viel Erfahrung haben. »Eine solche Rolle improvisiert man nicht.« »Was Sie nicht sagen!«, warf einer von uns lebhaft ein. »Das ist das erste Mal, dass ich eine solche Erklärung höre. Dass das Verhalten der Frauen nicht improvisiert sein soll, ist etwas völlig Neues für mich.«

Nachdem wir Castaneda eine Weile zugehört hatten, waren wir davon überzeugt, dass Sex für den »Tolteken« eine ungeheure Vergeudung von Energien bedeutet, die er für eine andere Aufgabe braucht. Man versteht dann auch Castanedas nachdrückliche Behauptung bezüglich der vollkommen asketischen Beziehungen zwischen den Mitgliedern der Gruppe.

»Vom Standpunkt der Welt aus betrachtet sind das Leben, das die Gruppe führt, und die Beziehungen der Einzelnen untereinander etwas völlig Unannehmbares und Unerhörtes. Was ich Ihnen erzähle, klingt unglaublich. Ich selbst brauchte lange, um es zu verstehen, aber ich habe es schließlich bestätigt gefunden.«

Castaneda hatte uns schon früher gesagt, dass ein Mensch, der sich fortpflanzt, einen gewissen »Schneid« verliert. Es scheint, dass dieser »Schneid« eine Kraft ist, die die Kinder den Eltern allein dadurch wegnehmen, dass sie geboren werden. Das »Loch«, das so im Menschen zurückbleibt, muss er wieder ausfüllen. Er muss die Kraft wiedergewinnen, die er verloren hat. Castaneda gab uns auch zu verstehen, dass die länger dauernde sexuelle Beziehung eines Paares die beiden zuletzt aufreibt. In einer Beziehung treten Unterschiede auf, die dazu führen, dass sich gewisse Charakteristika des einen und des anderen allmählich gegenseitig abstoßen. Daher wählt man für die Fortpflanzung vom anderen das, was einem gefällt, aber es gibt keine Garantie dafür, dass das, was man wählt, notwendigerweise auch das Beste ist. »Vom Standpunkt der Fortpflanzung aus betrachtet«, sagte er, »ist das Beste rein zufällig.« Castaneda bemühte sich, uns diese Begriffe besser zu erklären, aber er musste wieder gestehen, dass das Themen sind, die er selbst noch nicht klar durchschaut.

Don Juan stirbt nicht

Castaneda hatte uns eine Gruppe beschrieben, deren Forderungen für einen gewöhnlichen Menschen extrem waren. Wir waren sehr daran interessiert zu erfahren, wohin all diese Anstrengungen führten. »Was ist das eine, das einzige Ziel des Tolteken?« Wir wollten den Sinn all dessen erfassen, was uns Castaneda gesagt hatte. »Welches Ziel verfolgen Sie selbst?«, beharrten wir und hoben damit die Frage auf die persönliche Ebene. »Das Ziel ist, lebendig aus der Welt zu gehen; zu gehen mit allem, was einer ist, aber mit nicht mehr als dem, was einer ist. Es kommt darauf an, nichts mitzunehmen, aber auch nichts zurückzulassen. Don Juan ging als Ganzer – lebendig! – aus der Welt. Don Juan stirbt nicht, weil die Tolteken nicht sterben.«*

Nach Castaneda ist die Vorstellung, dass wir frei seien, eine Illusion und eine Absurdität. Er bemühte sich, uns verständlich zu machen, dass uns der gesunde Menschenverstand täuscht, weil uns die gewöhnliche Wahrnehmung nur einen Teil der Wahrheit erkennen lässt.

»Die gewöhnliche Wahrnehmung sagt uns nicht die ganze Wahrheit. Es muss etwas mehr geben als das bloße Erdendasein, als Essen und Fortpflanzung«, sagt er heftig. Und mit einer Gebärde, die wir als Anspielung auf die Sinnlosigkeit des Ganzen und die ungeheure Langeweile

---

* In *Der zweite Ring der Kraft* erklärt La Gorda Castaneda den Dualismus »Nagual – Tonal«. Der Bereich der zweiten Aufmerksamkeit »wird erst erreicht, nachdem der Krieger die Fläche seines Tisches leergefegt hat. Das Erreichen der zweiten Aufmerksamkeit ... macht aus den zwei Seiten der Aufmerksamkeit eine Einheit, und diese Einheit ist die Ganzheit des Selbst« (S. 272). In demselben Buch sagt La Gorda zu Castaneda: »Wenn ein Zauberer träumen lernt, dann verbindet er seine zwei Seiten der Aufmerksamkeit, und jenes Zentrum braucht nicht mehr hervorzudringen ... Zauberer sterben nicht ... Ich habe nicht von mir gesprochen. Wir sind nichts. Wir sind Wechselbälger – weder ganz hier noch ganz dort. Ich habe von Zauberern gesprochen ... Bei Ihnen sind die beiden Seiten der Aufmerksamkeit so fest verbunden, dass sie wahrscheinlich nie sterben werden« (S. 270).

des Lebens mit seinem täglichen Überdruss deuteten, fragte er uns: »Was ist all das, was uns umgibt?« Der gesunde Menschenverstand ist nur die Übereinkunft, zu der wir nach einem langen Erziehungsprozess gelangt sind, der uns die gewöhnliche Wahrnehmung als einzige Wahrheit aufzwingt. »Die Kunst des Zauberers«, sagte er, »besteht gerade darin, den Schüler dahin zu bringen, dieses auf der Wahrnehmung beruhende Vorurteil zu erkennen und zu zerstören.«

Nach Castaneda war Edmund Husserl der erste Europäer, der die Möglichkeit erfasste, »das Urteil aufzuschieben«.* Die phänomenologische Methode leugnet nicht die Elemente, die unsere gewöhnliche Wahrnehmung stützen, aber sie »setzt sie in Parenthese«.

Castaneda ist der Ansicht, dass ihm die Phänomenologie den brauchbarsten theoretisch-methodologischen Rahmen liefert, um die Lehre Don Juans zu verstehen. Für die Phänomenologie hängt das Erkennen von der Intention ab und nicht von der Wahrnehmung. Die Wahrnehmung variiert immer mit einer Geschichte, das heißt mit einem Subjekt, das erworbene Kenntnisse besitzt und in eine bestimmte Tradition eingebettet ist. Das wichtigste Prinzip der Phänomenologie ist die Annäherung an »die Dinge selbst«.

»Die Aufgabe, die Don Juan an mir erfüllte«, erklärte Castaneda, »war, dass er nach und nach die auf Wahrneh-

---

* In Ideen zu einer reinen Phänomenologie (1913) behandelte Husserl ausführlich die Epoche (lies: Epoché) oder »phänomenologische Reduktion«.

mung beruhenden Vorurteile beseitigte bis zum totalen Bruch.« Die Phänomenologie »enthält sich« des Urteils und beschränkt sich auf »die Beschreibung der rein intentionalen Akte«. Castaneda erklärte: »So *baue* ich beispielsweise das Objekt ›Haus‹. Der phänomenologische Referent ist minimal. Die Intention ist es, die den Referenten in etwas Konkretes und Einzigartiges verwandelt.«

Die Phänomenologie hat jedoch für Castaneda nur einen einfachen methodologischen Wert. Husserl ging nie über das theoretische Niveau hinaus und befasste sich daher nicht mit dem Menschen in seinem täglichen Leben.

Für Castaneda ist der abendländische Mensch – der Europäer – nicht weiter gelangt als bis zum politischen Menschen. Dieser politische Mensch ist für ihn das Sinnbild unserer Zivilisation. »Don Juan«, sagte er, »öffnet mit seiner Lehre den Zugang zu einem anderen, viel interessanteren Menschen: einem Menschen, der schon in einer magischen Welt oder in einem magischen Universum lebt.« Als ich über diesen »politischen Menschen« nachdachte, fiel mir ein Buch von Eduard Spranger ein, *Lebensformen* (1914), in dem es heißt, das Leben des politischen Menschen sei von Beziehungen der Macht und der Rivalität durchdrungen. Der politische Mensch ist der Mensch der Herrschaft, dessen Macht ebenso sehr die konkrete Wirklichkeit der Welt wie die Menschen beherrscht, die sie bewohnen.

Die Welt Don Juans dagegen ist eine magische, von Wesenheiten und Kräften bevölkerte Welt. »Das Bewundernswerte an Don Juan«, sagte Castaneda, »ist, dass, obwohl er in der alltäglichen Welt verrückt [völlig verrückt!]

zu sein scheint, niemand imstande ist, es zu bemerken. Der Welt bietet Don Juan eine Fassade dar, die notwendigerweise zeitbezogen ist ... eine Stunde, ein Monat, sechzig Jahre. Niemand könnte ihn bei einer Unachtsamkeit ertappen! In der Welt ist Don Juan makellos, weil er immer wusste, dass das Hier nur ein kleiner Augenblick ist und dass das, was nachher kommt ... Also ... Das Schöne! Don Juan und Don Genaro liebten leidenschaftlich das Schöne.«

Die Wahrnehmung und die Auffassung Don Juans von der Wirklichkeit und der Zeit sind ganz anders als die unseren. Dass er auf der Ebene der Alltäglichkeit immer unantastbar ist, hindert ihn nicht daran zu wissen, dass »auf dieser Seite« alles absolut vergänglich ist.

Castaneda beschrieb im Folgenden ein Universum, das sich in zwei Extremen polarisiert: nach der rechten und der linken Seite. Die rechte Seite entspricht dem *Tonal* und die linke dem *Nagual*. In *Der Ring der Kraft* erklärt Don Juan Castaneda ausführlich diese beiden Hälften der »Blase der Wahrnehmung«. Er sagt ihm, dass »die Aufgabe des Lehrers darin besteht, die eine Hälfte der Blase rein zu fegen und alles auf der anderen Hälfte neu zu ordnen« (S. 278). Und zuvor heißt es: »Dafür sorgt der Lehrer, indem er ihn [den Schüler] unnachsichtig bearbeitet, bis seine Ansicht der Welt sich insgesamt auf der einen Hälfte der Blase befindet. Die andere, die freigehaltene Hälfte der Blase kann dann von etwas beansprucht werden, das die Zauberer *Wille* nennen« (S. 277 f.).

Das alles ist schwer zu erklären, weil auf dieser Ebene die Wörter völlig unzulänglich sind. Genau gesagt, impliziert der linke Teil des Universums »das Fehlen von Wörtern«, und ohne Wörter können wir nicht denken. Dort haben nur Handlungen Platz. »In dieser anderen Welt«, sagte Castaneda, »wirkt der Körper. Der Körper braucht keine Wörter, um zu verstehen.«

In Don Juans *magischem* Universum, um es so zu nennen, gibt es gewisse Wesen, die »Verbündete« oder »flüchtige Schatten« genannt werden. Sie können unzählige Male eingefangen werden. Man hat für diese Art des Einfangens eine ganze Anzahl von Erklärungen gesucht, aber laut Castaneda besteht kein Zweifel daran, dass diese Phänomene hauptsächlich mit der menschlichen Anatomie zusammenhängen. Das Wichtigste ist zu begreifen, dass es eine ganze Reihe von Erklärungen für diese »flüchtigen Schatten« gibt.

Ich fragte ihn daraufhin über dieses Wissen mit dem Körper aus, von dem er in seinen Büchern spricht. »Ist für Sie der ganze Körper ein Organ des Erkennens?«

»Selbstverständlich. Der Körper weiß«, antwortete er. Als Beispiel führte Castaneda die vielen Möglichkeiten jenes Teils des Beines an, der vom Knie bis zum Knöchel reicht und wo sich ein Zentrum des Gedächtnisses lokalisieren lässt. Es scheint, dass man lernen kann, den Körper zu gebrauchen, um diese »flüchtigen Schatten« einzufangen.

»Die Lehre Don Juans verwandelt den Körper in einen *Scanner*«, sagte er und suchte nach dem passenden spanischen Ausdruck, um den Körper mit einem elektronischen Abtastgerät zu vergleichen. Der Körper hat die Möglichkeit, die Wirklichkeit auf verschiedenen Ebenen wahrzunehmen, die ihrerseits verschiedene Gestaltungen der Materie enthüllen. Es war augenscheinlich, dass der Körper für Castaneda Möglichkeiten der Bewegung und der Wahrnehmung besitzt, die den meisten von uns ungeläufig sind. Er stand auf, deutete auf den Fuß und den Knöchel und sprach von den Möglichkeiten dieser Teile des Körpers und davon, wie wenig wir von all dem wissen. »In der toltekischen Tradition«, sagte er, »lehrt man den Schüler, diese Möglichkeiten zu entwickeln. Auf dieser Ebene beginnt Don Juan *aufzubauen*.« Während ich über diese Worte Castanedas nachdachte, fielen mir die Parallelen zum tantrischen Yoga und den verschiedenen Zentren oder *Chakras* ein, die der Ausübende durch bestimmte rituelle Praktiken weckt. In dem Buch *El circulo hermético* von Miguel Serrano liest man, dass die Chakras »Bewusstseinszentren« sind. In demselben Buch berichtet Karl Jung Serrano von einem Gespräch, das er mit einem Häuptling der Pueblo-Indianer namens Ochwián Biano oder »Bergsee« hatte. »Er schilderte mir seinen Eindruck von den Weißen, die immer so ruhelos sind, immer etwas suchen, immer nach etwas streben ... In den Augen Ochwián Bianos waren die Weißen verrückt, weil sie behaupteten, mit dem Kopf zu denken, und das tun nur Verrückte. Diese Behauptung des Indianerhäuptlings überraschte mich sehr, und ich fragte ihn, womit er denke. Er antwortete mir, mit dem Herzen.«*

Der Weg des Kriegers zur Erkenntnis ist lang und erfordert völlige Hingabe. Alle haben ein konkretes Ziel und einen sehr reinen Beweggrund. »Was für ein Ziel ist das?«, fragten wir.

---

* Miguel Serrano: *El circulo hermético*. Kier, Buenos Aires 1978, S. 89.

Es scheint, dass das Ziel darin besteht, bewusst über den linken Teil des Universums auf die andere Seite hinüberzugehen. »Man muss versuchen, sich dem Adler so weit wie möglich zu nähern, und dann entkommen, ohne dass er einen verschlingt. Das Ziel«, sagte er, »ist, ›auf Zehenspitzen‹ an der linken Seite des Adlers vorbeizukommen. Ich weiß nicht, ob Sie wissen«, fuhr er fort in dem Versuch, uns das Bild zu erklären, »dass es ein Wesen gibt, das die Tolteken den *Adler* nennen. Der Seher sieht ihn als riesige Schwärze, die sich ins Unendliche erstreckt; es ist eine ungeheure Schwärze, durch die ein Blitz zuckt. Deshalb nennt man sie ›Adler‹, denn sie hat schwarze Schwingen und Flanken und eine leuchtende Brust. Das Auge dieses Wesens ist kein Menschenauge. Der Adler kennt kein Erbarmen. Alles, was lebt, ist im Adler dargestellt. Dieses Wesen schließt alles ein – die Schönheit, die der Mensch zu schaffen imstande ist, ebenso wie die ganze Bestialität, die nicht der Mensch im eigentlichen Sinne ist. Was am Adler eigentlich menschlich ist, ist unermesslich klein im Vergleich zu allem Übrigen. Der Adler ist zu viel Masse, Riesengestalt, Schwärze ... gegenüber dem Wenigen, was dem Menschen eigen ist.

Der Adler zieht jede lebendige Kraft an, die bereit ist zu verlöschen, denn er nährt sich von dieser Energie. Der Adler ist wie ein ungeheurer Magnet, der all die Lichtbündel sammelt, welche die Lebensenergie dessen sind, der stirbt.«

Während uns Castaneda all das sagte, formten seine Hände und hammerartigen Finger den Kopf eines Adlers nach, der mit unersättlichem Appetit den Raum aufpickt.

»Ich sage Ihnen nur, was Don Juan und die anderen sagen. Sie sind alle Zauberer und Hexen!«, rief er. »Alle sind sie in eine Metapher eingehüllt, die für mich unverständlich ist.

Wer ist ›der Herr‹ des Menschen? Was ist das, was uns für sich fordert?«, fragte er sich. Wir hörten aufmerksam zu und ließen ihn sprechen, denn er hatte ein Gebiet betreten, in dem Fragen nicht mehr am Platz waren.

»Unser Herr kann kein Mensch sein«, sagte er. Es scheint, dass die Tolteken die »Gestalt des Menschen« den *Herrn* nennen. Alle Dinge – Pflanzen, Tiere und Menschen – haben eine »Gestalt«. Die »Gestalt des Menschen« ist dieselbe für alle Menschen. »Meine Gestalt und die Ihre«, erklärte er, »ist dieselbe, aber in jedem manifestiert sie sich und wirkt sie auf andere Weise – je nach der Entfaltung der Person.«

Von den Worten Castanedas ausgehend, gelangten wir zu der Deutung, dass die »menschliche Gestalt« das ist, was uns vereint, was die Lebenskraft zusammenhält. Die »menschliche Form« dagegen ist das, was uns daran hindert, die Gestalt zu sehen. Es scheint, dass wir, solange wir die »menschliche Form« nicht verlieren, nur imstande sind, die Reflexe dieser Form in allem zu sehen, was wir wahrnehmen. Diese »menschliche Form« sehen wir nicht, weil wir sie in unserem Körper fühlen. Diese »Form« macht uns zu dem, was wir sind, und hindert uns daran, uns zu ändern. In *Der zweite Ring der Kraft* belehrt La Gorda Castaneda über die »menschliche Gestalt« und die

»menschliche Form«. In diesem Buch wird die »Gestalt« als eine leuchtende Wesenheit beschrieben, und Castaneda erinnert sich, dass sie Don Juan als »die Quelle, den eigentlichen Ursprung des Menschen« (S. 147) beschrieb. »La Gorda denkt an Don Juan und erinnert sich, dass dieser ihr sagte, ›wenn wir genug persönliche Kraft haben, [können wir] eine Ahnung von der menschlichen Gestalt erhaschen, auch wenn wir keine Zauberer sind; wenn dies geschieht, dann sagen wir, wir haben Gott gesehen. Wenn wir es Gott nennen, sagte er, so ist dies die Wahrheit: *die Gestalt ist Gott.*‹«*

Mehrere Male kamen wir an diesem Nachmittag noch auf das Thema der »menschlichen Form« und der »Gestalt« des Menschen zurück. Während wir dieses Thema einkreisten und unter verschiedenen Blickwinkeln betrachteten, zeigte sich immer deutlicher, dass die »menschliche Form« die harte Schale des Persönlichen ist. »Diese menschliche Form«, sagte Castaneda, »ist wie ein Tuch, das einen von den Achseln bis zu den Füßen bedeckt. Hinter diesem Tuch brennt eine Kerze, die sich verzehrt, bis sie erlischt. Wenn die Kerze ausgeht, heißt das, dass man gestorben ist. Dann kommt der Adler und verschlingt einen. Seher sind jene Wesen, die imstande sind, den Menschen als ein leuchtendes Ei zu sehen. Innerhalb dieser Lichtsphäre befindet sich die brennende Kerze. Wenn der Seher erkennt, dass die Kerze sehr klein ist, so bedeutet das, dass diese Person, so kräftig sie auch noch erscheinen mag, schon am Ende angelangt ist.«

---

* Kursivschreibung durch die Autorin.

Castaneda hatte uns zuvor schon gesagt, dass die Tolteken nie sterben, weil Tolteke sein so viel bedeutet wie die menschliche Form verloren haben. Erst in diesem Augenblick verstanden wir das: Wenn der Tolteke die menschliche Form verloren hat, gibt es nichts, was *der Adler* verschlingen kann. Wir zweifelten auch nicht mehr daran, dass sich die Begriffe »Herr« des Menschen und »Gestalt« des Menschen ebenso wie das Bild des *Adlers* auf ein und dieselbe Wesenheit bezogen oder doch eng miteinander verbunden waren.

Einige Stunden später, als wir in einer Cafeteria an der Ecke des Westwood Boulevards und einer anderen Straße, deren Namen mir entfallen ist, vor einigen *hamburgers* saßen, berichtete uns Castaneda, wie er den Verlust der menschlichen »Form« erlebte. Nach dem, was er uns sagte, war sein Erlebnis nicht so stark wie das der Gorda*, die Symptome wie bei einem Herzanfall zeigte. »In meinem Fall«, sagte Castaneda, »trat ein einfaches Phänomen der Hyperventilation auf. Ich spürte in diesem gewissen Augenblick einen starken Druck: ein Energiestrom drang durch den Kopf ein, fuhr mir durch die Brust und den Magen und setzte sich in die Beine hinein fort, bis er durch den linken Fuß verschwand. Das war alles.

Um sicherzugehen, suchte ich einen Arzt auf, aber er

---

* In *Der zweite Ring* der Kraft berichtet La Gorda Castaneda, dass sie, als sie die »menschliche Form« verlor, ein Auge zu sehen begann, das immer vor ihr war. Dieses Auge begleitete sie ständig und brachte sie beinahe um den Verstand. Allmählich gewöhnte sie sich daran und das Auge wurde ein Teil von ihr. »Eines Tages, wenn ich wirklich formlos sein werde, werde ich das Auge nicht mehr sehen. Das Auge wird sein wie ich ...« (S. 151).

fand nichts. Er schlug mir nur vor, in eine Papiertüte zu atmen, um die Sauerstoffmenge zu reduzieren und damit das Phänomen der Hyperventilation zu bekämpfen.«

Den Tolteken zufolge muss man dem Adler auf irgendeine Weise zurückgeben oder -zahlen, was ihm zusteht. Castaneda sagte uns schon, dass der *Herr* des Menschen der Adler ist und dass der Adler alle Vornehmheit und Schönheit ebenso wie alle Schrecken und alle Grausamkeit ist, die man in allem findet, was existiert. Warum ist der Adler der Herr des Menschen? »Der Adler ist der Herr des Menschen, weil er sich von der Lebensflamme, der Lebensenergie nährt, die von allem ausstrahlt, was ist.« Und während Castaneda noch einmal mit seinen Händen Kopf und Schnabel des Adlers nachahmte, fuhr er mit dem Arm durch den Raum, teilte Schnabelhiebe aus und sagte: »So! So! Alles verschlingt er.«

Dann sagte er: »Die einzige Möglichkeit, der Gefräßigkeit des Adlers zu entkommen, ist, auf Zehenspitzen davonzugehen und den Atem anzuhalten ...«

Wenn jemand für den letzten Tag bereit ist, bringt man dem Adler eine Opfergabe dar. »Eine Opfergabe«, wiederholte Castaneda, »die gewissermaßen so ist, als böte man sich selbst dar. Man gibt dem Adler eine Kopie von sich selbst. Diese Opfergabe nennt man *Rekapitulation des Lebens*. Don Juan sagte mir, dass der Tod mit dieser Rekapitulation des Lebens beginnt. Das heißt, dass erst dann, wenn der Tod unabweisbar und unausweichlich ist, die Aktion beginnt.« »Wie geht das vor sich? Wie macht man die Rekapitulation des Lebens?«, wollten wir wissen. »Zuerst muss man eine Liste aller Personen aufstellen, die man im Laufe des Lebens gekannt hat«, antwortete er. »Eine Liste all jener, die uns auf die eine oder andere Weise gezwungen haben, das *Ich* [dieses Zentrum des persönlichen Stolzes, das sich als Ungeheuer mit 3000 Köpfen entpuppt] auf den Tisch zu legen. Wir müssen all jene erinnern, die mit dazu beigetragen haben, dass wir uns auf das Spiel ›Man liebt mich, man liebt mich nicht‹ einließen. Ein Spiel, das nichts anderes bedeutet, als dass wir in uns selbst zurückgezogen leben ... und unsere Wunden lecken!

Die Rekapitulation muss vollständig sein, sie geht von Z bis A, rückwärts. Man beginnt im gegenwärtigen Augenblick und geht zurück in die frühe Kindheit, als man zwei oder drei Jahre alt war oder noch jünger, wenn das möglich wäre.« Von der Geburt an wird alles in unserem Körper eingeprägt. Die Rekapitulation ist und verlangt ein großes Gedächtnistraining.

Gut, wie macht man also diese »Rekapitulation«? »Man holt sorgfältig die Bilder herbei und betrachtet sie vor sich. Dann bläst man mit einer Kopfbewegung von rechts nach links jedes der Bilder fort, so als fegte man sie aus dem Gesichtsfeld weg ... Der Atem ist magisch«, fügte er hinzu.

Mit dem Abschluss der Rekapitulation hören auch alle Tricks, Spiele und Selbsttäuschungen auf. Es scheint, dass wir zuletzt alle unsere Tricks kennen und es keine Möglichkeit mehr gibt, das *Ich* auf den Tisch zu legen, ohne dass uns sofort bewusst wird, was wir damit vortäuschen. »Mit der persönlichen Rekapitulation macht man sich frei von allem. Dann bleibt nur noch die Aufgabe, *die Aufgabe* in all ihrer Einfachheit, Reinheit und Härte. Die Rekapitulation ist allen Menschen möglich, aber man muss einen unbeugsamen Willen haben. Wer zögert oder schwankt, ist verloren, denn der Adler verschlingt ihn. In diesem Bereich ist für den Zweifel kein Platz.*

Ich weiß nicht, wie ich all das erklären soll, aber bei der Erfüllung der Aufgabe und der Hingabe an sie muss man einem Zwang gehorchen, ohne ihm wirklich zu gehorchen, denn der Tolteke ist ein freier Mensch. Die Aufgabe verlangt alles von einem und dennoch ist man frei. Verstehen Sie? Wenn das schwer zu begreifen ist, so kommt das daher, dass es sich im Grunde um ein Paradoxon handelt.

Doch diese Rekapitulation«, fügte Castaneda mit veränderter Stimme und Haltung hinzu, »muss eine gewisse ›Würze‹ haben. Das typische Merkmal Don Juans und seiner ›Kumpane‹ ist, dass sie leicht sind. Don Juan heilte mich von meiner Schwere. Er ist nicht feierlich, er hat nichts Zeremonielles an sich.«

In dem Ernst der Aufgabe, die sie alle erfüllen, ist immer Platz für den Humor. Um auf konkrete Weise zu demonstrieren, wie ihn Don Juan unterrichtete, erzählte uns Castaneda eine sehr interessante Episode. Er rauchte früher viel und Don Juan beschloss, ihn zu kurieren.

---

* Im ersten Buch *Die Lehren des Don Juan* sagte dieser zu Castaneda: »Das Besondere zu lernen bedeutet, wie man den Riss zwischen den Welten erreicht und wie man die andere Welt betritt ... Es gibt einen Ort, wo sich die beiden Welten überschneiden. Dort ist der Riss. Er öffnet und schließt sich wie eine Tür im Wind. Um dorthin zu gelangen, muss ein Mensch seinen Willen üben. Ich würde sagen, er muss ein unbezähmbares Verlangen danach entwickeln – eine zielstrebige Hingabe. Aber er muss es ohne die Hilfe irgendeiner Macht oder irgendeines Menschen tun« (S. 151).

»Ich rauchte an die drei Päckchen pro Tag, eine nach der anderen! Ich ließ sie nie ausgehen. Sie sehen, dass ich jetzt keine Taschen habe«, sagte er und zeigte auf seine Jacke, die tatsächlich keine hatte. »Ich habe damals die Taschen abgetrennt, um dem Körper die Möglichkeit zu nehmen, etwas an der linken Seite zu spüren und durch dieses Etwas an die frühere Gewohnheit erinnert zu werden. Als ich die Tasche abschaffte, schaffte ich auch die physische Gewohnheit ab, mit der Hand in die Tasche zu greifen.

Eines Tages sagte Don Juan zu mir, wir würden einige Tage durch die Berge von Chihuahua wandern. Ich erinnere mich, dass er mir ausdrücklich sagte, ich solle nicht vergessen, mir Zigaretten mitzunehmen. Er empfahl mir auch einen Vorrat von zwei Päckchen pro Tag, nicht mehr. Ich kaufte also die Zigaretten, aber statt zwanzig Päckchen nahm ich vierzig. Ich machte einige hübsche kleine Pakete, die ich in Silberpapier einwickelte, um den Inhalt vor den Tieren und dem Regen zu schützen.

Gut ausgerüstet und mit dem Rucksack auf dem Rücken, folgte ich Don Juan durch die Berge. Da ging ich nun, zündete mir eine Zigarette nach der ändern an und versuchte, Luft zu bekommen! Don Juan hatte gewaltige Kräfte. Mit großer Geduld wartete er immer wieder auf mich und sah zu, wie ich rauchte und durch die Berge keuchte. Ich hätte jetzt nicht die Geduld, die er mit mir hatte!

Endlich kamen wir auf ein ziemlich hohes, von Felsen und steilen Hängen umgebenes Plateau. Dort forderte Don Juan mich auf, zu versuchen zurückzukehren oder hinunterzusteigen. Lange probierte ich es auf der einen und der anderen Seite, bis ich schließlich meine Absicht aufgeben musste. Ich schaffte es nicht.

Wir gingen mehrere Tage weiter, bis ich eines Morgens aufwachte und als erstes meine Zigaretten suchte. Wo sind meine hübschen Päckchen? Ich suche und suche und finde sie nicht. Als Don Juan aufwacht, will er wissen, was ich denn habe. Ich erkläre ihm, was geschehen ist, und er sagt: ›Mach dir keine Sorgen. Sicherlich ist ein Kojote da gewesen und hat sie mitgenommen, aber sehr weit können sie nicht sein. Hier! Schau! Das sind Kojotenfährten!‹

Den ganzen Tag folgten wir auf der Suche nach den Päckchen den Kojotenspuren. Nach langer Suche sagte Don Juan wieder, ich könne unbesorgt sein, denn ›gleich dort hinter dem Hügel liegt ein Dorf. Da kannst du so viele Zigaretten kaufen, wie du willst.‹

Wir suchten weiter und weiter – diesmal natürlich das Dorf. Wo ist das Dorf? Keine Spur davon. Plötzlich setzte sich Don Juan auf den Boden, spielte den müden alten Mann und begann zu jammern: ›Diesmal bin ich verloren ... Ich bin alt ... Ich kann nicht mehr ...‹ Während er das sagte, raufte er sich die Haare; er übertrieb maßlos.«

Castaneda erzählte uns diese ganze Geschichte und ahmte dabei die Gebärden und den Tonfall Don Juans nach. Es war ein richtiges Schauspiel. Später sagte uns Castaneda selbst, dass Don Juan oft auf seine schauspielerische Begabung anspielte. »So müssen, glaube ich, zehn oder zwölf Tage vergangen sein«, erzählte Castaneda weiter. »Ich war gar nicht mehr so scharf darauf zu rauchen. Es war, als hätte man mir die Lust zu rauchen genommen.

Wenn man uns nur nicht für Dämonen hielt, die durch die Berge rannten! Als es Zeit war umzukehren, kannte sich Don Juan, wie Sie sich vorstellen können, mit einem Mal sehr gut aus. Wir stiegen geradewegs zum Dorf hinunter. Der Unterschied war nur, dass ich es nicht mehr nötig hatte, mir Zigaretten zu kaufen. Seit dieser Episode«, sagte er wehmütig, »sind etwa fünfzehn Jahre vergangen.« Dann erklärte er: »Die Regel des Nicht-Tuns ist das genaue Gegenteil der Routine oder der Routinen, die wir gewohnt sind. Gewohnheiten wie zum Beispiel das Zigarettenrauchen halten uns gefangen und fesseln uns. Im Nicht-Tun dagegen sind alle Wege offen.«

Castaneda gab uns zu verstehen, dass Don Juan alle sehr gut kannte. Er kannte ihre Gewohnheiten und Schwächen und trieb sie ihnen nacheinander aus. Don Juan und Don Genaro, »diese beiden Kumpane«, wie Castaneda sagte, verstanden es, jeden von der richtigen Seite zu nehmen und ihn so auf den Weg der Erkenntnis zu führen.

Die linke Seite des Adlers

Eine Weile herrschte Schweigen. Ich brach es schließlich, um ihn nach Doña Soledad zu fragen. Ich sagte, dass sie mir als eine groteske Figur, genau genommen als eine Hexe erschienen war. »Doña Soledad ist Indianerin«, antwortete er. »Die Geschichte ihrer Verwandlung ist etwas Unglaubliches. Sie bot für ihre Verwandlung so viel Willenskraft auf, dass sie ihr schließlich gelang. Bei dieser Anstrengung entwickelte sie ihren Willen bis zu einem solchen Extrem, dass sie auch zu viel eigene Wichtigkeit aufbaute. Eben deshalb glaube ich nicht, dass sie auf Zehenspitzen an der linken Seite des Adlers vorbeigehen kann. Jedenfalls ist es phantastisch, was sie aus sich selbst zu machen imstande war. Ich weiß nicht, ob Sie sich erinnern, wer sie war ... Sie war die ›Manuelita‹, die *mamacita* Pablitos. Immer gewaschen, geschniegelt und geputzt ... Immer hatte sie ein ›Häppchen‹ für den einen oder anderen.«

Während er dies erzählte, ahmte Castaneda in Gesten und Bewegungen eine sehr arme alte Frau nach. »Man muss sie jetzt sehen«, fuhr er fort. »Doña Soledad ist eine starke junge Frau. Jetzt muss man sie fürchten!

Für die Rekapitulation brauchte Doña Soledad sieben Jahre ihres Lebens. Sie verkroch sich in eine Höhle und kam nicht mehr hervor. Sie blieb darin, bis sie mit allem fertig war. Sieben Jahre lang tat sie nichts anderes. Obwohl sie nicht am Adler vorbeigehen kann«, sagte Castaneda voll Bewunderung, »wird sie nie mehr die arme Alte von früher sein.« Nach einer Pause erinnerte uns Castaneda daran, dass Don Juan und Don Genaro nicht mehr bei ihnen waren.

»Jetzt ist alles anders«, sagte er wehmütig. »Don Juan und Don Genaro sind nicht da. Die toltekische Señora ist bei uns. Sie verlangt von uns *Aufgaben*. La Gorda und ich führen unsere Aufgabe gemeinsam aus. Auch die anderen haben ihre Aufgaben, andere Aufgaben an ganz anderen Orten. Don Juan sagt, die Frauen haben mehr Talent als die Männer. Die Frauen sind aufnahmefähiger. Im Leben verbrauchen und erschöpfen sie sich weniger als die Männer.

Deshalb hat Don Juan mein Schicksal in die Hände einer Frau gelegt. Er hat mein Schicksal in die Hände der anderen Seite der Einheit ›Mann-Frau‹ gelegt. Mehr noch, er hat mich den Händen der Frauen überlassen, nämlich den Schwesterchen und La Gorda.«

Die Frau, die ihn jetzt unterweist, hat keinen Namen.* Sie ist einfach die toltekische Señora. »Jetzt unterrichtet mich die toltekische Señora. Sie ist für alles verantwortlich. Alle anderen, La Gorda und ich sind *nichts*.«

Wir fragten, ob sie wisse, dass er sich mit uns treffen wollte, und ob sie seine anderen Pläne kannte. »Die toltekische Señora weiß alles. Sie hat mich nach Los Angeles geschickt, damit ich mit Ihnen spreche«, antwortete er, an mich gewandt. »Sie kennt meine Pläne und weiß, dass ich nach New York gehe.«

Wir wollten auch wissen, wie sie ist. »Ist sie jung? Ist sie alt?«, fragten wir.

»Die toltekische Señora ist eine sehr starke Frau. Ihre Muskeln bewegen sich auf eine sehr eigentümliche Weise. Sie ist alt, aber eine von diesen Alten, die vor Make-up glänzen.«

Es war schwer zu beschreiben, wie sie war. Castaneda suchte einen Bezugspunkt und erinnerte uns an den Film *Giganten*.

»Erinnern Sie sich noch an diesen Film, in dem James Dean und Elizabeth Taylor zu sehen waren?«, fragte er. »Elisabeth Taylor stellte eine reife Frau dar, obwohl sie in Wirklichkeit noch sehr jung war. Denselben Eindruck

---

* Einige Monate später rief mich La Gorda (Maria Elena) an, um mir etwas von Carlos Castaneda auszurichten. Im Laufe dieses Gesprächs sagte sie mir, dass die toltekische Señora Doña Florinda heiße und dass sie eine sehr elegante, lebhafte und unruhige Person sei. Sie musste etwa 50 Jahre alt sein.

macht die toltekische Señora auf mich: ein Gesicht mit der Schminke einer alten Frau über einem noch jungen Körper. Ich würde auch sagen, sie spielt die Alte.

Kennen Sie den *National Inquirer*?«, fuhr er beiläufig fort. »Ein Freund von mir hier in Los Angeles hebt mir die Ausgaben auf, und jedes Mal wenn ich komme, lese ich sie. Sie sind das Einzige, was ich hier lese ... In eben dieser Zeitung sah ich unlängst einige Fotos von Elizabeth Taylor. Sie ist wirklich großartig!«

Dieser Kommentar fasste in gewisser Weise sein Urteil über die ungeheure Nachrichtenproduktion zusammen, die unsere Epoche kennzeichnet. Er schließt aber auch ein Urteil in Bezug auf den Wert der ganzen westlichen Kultur ein. Alles befindet sich auf dem Niveau des *National Inquirer,* eines Sensationsblattes.

Nichts, was Castaneda an diesem Nachmittag sagte, war zufällig. Die verschiedenen Informationen, die er lieferte, zielten darauf ab, einen bestimmten Eindruck auf uns zu machen. Diese Absicht Castanedas hatte nichts Zweideutiges an sich; im Gegenteil, er war daran interessiert, uns die grundsätzliche Wahrheit der Lehre zu vermitteln, der sie sich gewidmet haben.

Die Freiheit, makellos zu sein

Wir sprachen weiter über die toltekische Señora, und Castaneda sagte uns, dass sie bald gehen werde. »Sie hat uns gesagt, dass an ihrer Stelle zwei andere Señoras kommen werden. Die toltekische Señora ist sehr streng. Ihre

Forderungen sind schrecklich!* Aber wenn die toltekische Señora wild ist, so scheint es, dass die beiden, die kommen sollen, noch viel schlimmer sind. Mag sein, dass sie noch nicht fortgeht! Man kann nicht aufhören zu lieben, und ebenso wenig kann man verhindern, dass sich der Körper beklagt und die Härte des Unternehmens fürchtet ... Trotzdem gibt es keine Möglichkeit, das Schicksal zu ändern. Ich werde mich also dort festhalten!

Ich habe keine andere Freiheit als die, makellos zu sein, denn nur wenn ich makellos bin, ändere ich mein Schicksal, das heißt, ich gehe auf Zehenspitzen an der linken Seite des Adlers vorbei. Wenn ich nicht makellos bin, ändere ich mein Schicksal nicht und der Adler verschlingt mich. Der Nagual Juan Matus ist ein freier Mann. Er ist frei, indem er sein Schicksal erfüllt. Verstehen Sie mich?«, fragte er besorgt. »Ich weiß nicht, ob Sie verstehen, was ich sagen will.« »Selbstverständlich verstehen wir Sie!«, antworteten wir mit Nachdruck. »In diesen letzten wie in vielen anderen Dingen, die Sie uns bis jetzt berichtet haben, finden wir eine große Ähnlichkeit mit dem, was wir täglich fühlen und erleben.« »Don Juan ist ein freier Mann«, sprach er weiter. »Er sucht die Freiheit; sein Geist sucht sie. Don Juan ist frei von diesem grundlegenden Vorurteil, dem auf der Wahrnehmung beruhenden Vorurteil, das uns die Wirklichkeit nicht sehen lässt.« Das

---

* Am Telefon sagte mir La Gorda auch, dass die toltekische Señora sehr »wild« sei und dass es, obwohl sie sie [La Gorda] mehr liebe als Castaneda, nicht schlecht wäre, wenn sie sie noch ein wenig mehr liebe. »Wir haben blaue Flecken am ganzen Körper von den Schlägen, die sie uns gibt«, sagte sie.

Wichtigste von all dem, wovon wir gerade gesprochen hatten, war die Möglichkeit, den Kreis der Gewohnheiten zu zerstören.

Don Juan ließ ihn viele Übungen machen, damit er sich seiner Gewohnheiten bewusst wurde. Zu ihnen gehörten das »Gehen im Dunkeln« und die »Gangart der Kraft«.

Wie durchbricht man diesen Kreis der Routine? Wie entgeht man dem Wahrnehmungsbogen, der uns an diese gewöhnliche Anschauung von der Wirklichkeit bindet? Diese gewöhnliche Betrachtungsweise, zu deren Fixierung unsere Gewohnheiten beitragen, ist eben das, was Castaneda »die Aufmerksamkeit des Tonal« oder »den ersten Ring der Aufmerksamkeit« nennt. »Diesen Wahrnehmungsbogen zu zerbrechen ist keine leichte Aufgabe; es kann Jahre dauern. Bei mir gab es Schwierigkeiten, weil ich sehr starrsinnig bin«, versicherte er lachend. »Ich machte alles widerwillig. Deshalb musste Don Juan in meinem Fall auch Drogen anwenden. Und so bin ich das geworden, was ich bin ... Die Leber ist beim Teufel! Durch das Nicht-Tun gelingt es, sich der Routine zu entledigen und Bewusstheit zu gewinnen«, erklärte Castaneda. Bei diesen Worten stand er auf und begann, rückwärts zu gehen, wobei er sich an eine Technik erinnerte, die ihn Don Juan gelehrt hatte: nämlich mit Hilfe eines Spiegels rückwärts zu gehen. Castaneda berichtete uns, dass er sich, um sich die Aufgabe zu erleichtern, eine Vorrichtung aus Metall ausgedacht hatte (einen Reif, der wie eine Krone auf dem Kopf saß). Daran befestigte er den Spiegel. So konnte er die Übung ausführen und hatte dabei die

Hände frei. Andere Beispiele für die Techniken des Nicht-Tuns waren: den Gürtel verkehrt herum anlegen und die Schuhe an den Füßen vertauschen. Alle diese Techniken verfolgen das Ziel, einem bewusst zu machen, was man jeden Augenblick tut. »Die Routine zerstören«, sagte er, »ist die Möglichkeit, die wir haben, um dem Körper neue Empfindungen zu vermitteln. Der Körper weiß ...«

Danach schilderte uns Castaneda einige der Spiele, die die jungen Tolteken stundenlang treiben. »Es sind Spiele des Nicht-Tuns«, erklärte er. »Spiele, die keine festen Regeln haben; diese entstehen erst aus dem Spiel heraus.«

Es scheint, dass das Verhalten der Spieler nicht voraussehbar ist, weil es keine festen Regeln gibt, und dass daher alle sehr aufmerksam sein müssen. »Eines dieser Spiele«, erklärte Castaneda weiter, »besteht darin, dem Gegner falsche Zeichen zu geben. Es ist ein Spiel, bei dem gezogen werden muss.«

So, wie er es uns beschrieb, nehmen daran drei Personen teil, und man braucht zwei Pfähle und ein Seil. Das Seil wird um den Leib eines der Spieler geschlungen, den man zwischen den Pfählen aufhängt. Die beiden anderen Spieler müssen an den Enden des Seils ziehen und versuchen, sich gegenseitig zu täuschen, indem sie einander falsche Zeichen geben. Beide müssen sehr aufmerksam sein, damit, wenn der eine zieht, auch der andere zieht und der aufgehängte Spieler nicht gedreht wird. Die Techniken und Spiele des Nicht-Tuns schulen die Aufmerksamkeit. Man kann sagen, dass sie Konzentrationsübungen sind, denn sie zwingen die Ausübenden, sich dessen, was sie tun, voll bewusst zu sein. Castaneda bemerkte, das

Greisenalter bestehe darin, dass man in den vollkommenen Kreis der Gewohnheiten eingeschlossen sei.

Der Weg der Eigenliebe

»Die toltekische Señora wendet die Lehrmethode an, uns in bestimmte Situationen zu bringen. Ich glaube, es ist die beste Methode, denn in diesen Situationen entdecken wir, dass wir nichts sind. Der andere Weg ist der der Eigenliebe und des persönlichen Stolzes. Auf diesem Weg verwandeln wir uns in Detektive, die immer auf das achten, was ihnen geschehen, was sie kränken kann. In Detektive? Ja! Wir suchen Beweise dafür, dass man uns liebt oder nicht liebt. So sehr auf unser Ich konzentriert, tun wir nichts anderes, als dass wir es stärken. Der toltekischen Señora zufolge ist es das Beste, davon auszugehen, dass uns niemand liebt.« Castaneda sagte uns, dass der persönliche Stolz für Don Juan einem Ungeheuer mit 3000 Köpfen gleicht. »Man schlägt Köpfe ab, aber immer wieder erheben sich neue ... Man kennt alle Tricks!«, rief er. »Mit diesen Tricks täuschen wir uns selbst und glauben, dass wir jemand sind.«

Ich erinnerte ihn daraufhin an das Bild für die Jagd auf unsere Schwächen, wie in *Reise nach Ixtlan* beschrieben, wo für die Kaninchen eine Falle aufgestellt wurde. »Ja«, antwortete er, »man muss ständig auf der Lauer liegen.«

Castaneda begann uns die Geschichte der letzten Jahre zu erzählen.

»Eine der vielen Aufgaben war die eines Kochs in diesen Imbisslokalen an den Landstraßen. La Gorda begleitete mich dieses Jahr als Serviererin. Mehr als ein Jahr zogen wir so herum als Joe Córdoba und seine Frau!

Mein vollständiger Name war José Luis Córdoba, zu Diensten«, sagte er mit einer tiefen Verbeugung. »Aber alle kannten mich als Joe Córdoba.« Castaneda sagte uns weder den Namen noch wo die Stadt lag, in der sie lebten. Möglicherweise waren sie an verschiedenen Orten. Es scheint, dass anfangs er, La Gorda und die toltekische Señora beisammen waren, die sie eine Zeit lang begleitete. Als erstes ging es darum, eine Wohnung und Arbeit für Joe Córdoba, seine Frau und seine Schwiegermutter zu finden. »So stellten wir uns vor«, erklärte uns Castaneda. »Sonst hätten es die Leute nicht verstanden.«

Lange suchten sie Arbeit, bis sie sie endlich in einer Imbissstube an einer Landstraße fanden. »In diesen Lokalen fängt man morgens sehr früh an. Um fünf Uhr muss man schon bei der Arbeit sein.« Castaneda erzählte uns lachend, dass man in diesen Lokalen als erstes gefragt wird: »Können Sie Eier machen?« Was sollte das heißen – Eier machen? Er blieb anscheinend lange genug, um zu verstehen, was man meinte, nämlich die verschiedenen Arten, Eier für das Frühstück zuzubereiten. In den Restaurants oder Imbisslokalen für Fernfahrer ist es sehr wichtig, »Eier machen zu können«. Ein Jahr lang arbeiteten sie so. »Dann konnte ich aber auch wirklich Eier machen«, versicherte er lachend. »Alles, was Sie wollen.« Auch La Gorda arbeitete fleißig. Sie war eine so gute Serviererin, dass sie zuletzt alle anderen Mädchen beaufsichtigte. Nach einem Jahr, als die toltekische Señora sagte: »Nun ist es genug, wir beenden diese Aufgabe«, wollte der Besitzer des Lokals sie nicht gehen lassen. »Die Wahrheit ist, dass wir dort sehr hart arbeiteten. Sehr hart! Von morgens bis abends.«

Während dieses Jahres hatten sie eine bedeutsame Begegnung. Es ging um ein Mädchen namens Terry, das in ihre Imbissstube kam und um Arbeit als Serviererin bat. Mittlerweile hatte Joe Córdoba das Vertrauen des Besitzers des Lokals gewonnen, und er hatte das gesamte Personal einzustellen und zu beaufsichtigen. Terry sagte, dass sie Carlos Castaneda suche. Woher konnte sie wissen, dass er dort war? Castaneda wusste es nicht. »Diese Terry«, fuhr Castaneda traurig fort und gab uns zu verstehen, dass sie schmutzig und unordentlich war, »ist eine dieser Hippies, die Drogen nehmen ... Ein schreckliches Leben. Die Ärmste!«

Später erzählte uns Castaneda, dass – obwohl er Terry nie sagen konnte, wer er war – Joe Córdoba und seine Frau ihr in den Monaten, die sie bei ihnen verbrachte, sehr halfen. Er erzählte uns, dass sie eines Tages sehr aufgeregt von der Straße hereinkam und sagte, sie habe soeben Castaneda in einem Cadillac gesehen, der vor dem Lokal stand. »›Er ist da!‹, rief sie. ›Er sitzt im Wagen und schreibt.‹ – ›Bist du sicher, dass es Castaneda ist? Wie kannst du das so genau wissen?‹, fragte ich sie. Aber sie blieb dabei. ›Er ist es, ich bin ganz sicher ...‹ Da schlug ich ihr vor, zum Wagen hinauszugehen und ihn zu fragen. Man musste ihr diese ungeheure Illusion nehmen. ›Geh! Geh!‹, drängte ich. Sie wagte es nicht ihn anzusprechen, denn sie sagte, sie sei sehr dick und sehr hässlich. Ich machte ihr Mut: ›Aber nein, du siehst hübsch aus. Geh!‹ Endlich ging sie hinaus, kam aber gleich tränenüberströmt wieder zurück.« Anscheinend hatte der Mann im Cadillac sie nicht einmal angesehen und mit den Worten, sie solle ihn nicht belästigen, davongejagt. »Sie können sich vorstellen, dass wir sie trösten mussten«, sagte Castaneda. »Sie tat mir so Leid, dass ich ihr beinahe verraten hätte, wer ich bin. La Gorda ließ es nicht zu; sie beschützte mich.« In Wirklichkeit konnte er nichts sagen, weil er mit einer Aufgabe beschäftigt war, bei der er Joe Córdoba und nicht Carlos Castaneda war. Er konnte nicht ungehorsam sein. Nach Castanedas Worten war Terry keine gute Serviererin, als sie kam. Aber im Laufe der Monate machten sie eine gute, saubere und sorgfältige Arbeiterin aus ihr. »La Gorda gab Terry viele Ratschläge. Wir achteten sehr auf sie ... Sie hatte keine Ahnung, mit wem sie die ganze Zeit zusammen war.«

In den letzten Jahren haben sie Zeiten großer Entbehrungen durchgemacht, in denen man sie schlecht behandelte und beleidigte. Mehr als einmal war er nahe daran zu verraten, wer er war, aber ... »Wer hätte mir schon geglaubt?«, sagte er. »Außerdem trifft die toltekische Señora die Entscheidungen.

Damals, in dem Jahr, gab es Augenblicke, in denen wir nur noch das Allernötigste hatten: wir schliefen auf dem Fußboden und aßen nur eine Speise.« Als wir das hörten, baten wir ihn, uns ihre Art zu essen zu erklären. Castaneda sagte uns, dass die Tolteken zu einer Mahlzeit immer nur eine Art von Nahrung zu sich nehmen, dafür aber öfter essen. »Die Tolteken essen den ganzen Tag«, bemerkte er beiläufig.*

Laut Castaneda ist die Mischung von Nahrungsmitteln – wenn man beispielsweise Fleisch mit Kartoffeln und Gemüse isst – äußerst schlecht für die Gesundheit. »Diese Mischkost ist etwas sehr Neues in der Geschichte der Menschheit«, versicherte er. »Die Aufnahme nur eines Nahrungsmittels fördert die Verdauung und ist besser für den Organismus. Manchmal warf mir Don Juan vor, dass ich mich immer schlecht fühlte. Sie können sich vorstellen, dass ich mich dagegen verwahrte! Dann sah ich aber ein, dass er Recht hatte, und ich lernte. Jetzt fühle ich mich wohl, kräftig und gesund.« Sie haben auch eine andere Art zu schlafen als die meisten von uns. Wichtig ist, sich klarzumachen, dass man auf viele Arten schlafen kann. Nach Castaneda hat man uns beigebracht, zu einer bestimmten Zeit schlafen zu gehen und aufzustehen, weil es die Gesellschaft so verlangt. »So schicken beispielsweise die Eltern die Kinder ins Bett, um sie loszuwerden«, sagte Castaneda. Wir alle lachten, weil er nicht ganz Unrecht hatte. »Ich schlafe den ganzen Tag und die ganze Nacht«, erklärte er, »aber wenn ich die Stunden und Minuten zusammenzähle, in denen ich wirklich schlafe, kommen, glaube ich, nicht mehr als

---

* In dieser Feststellung Castanedas kann man den Wunsch erkennen, das Bild zu korrigieren, das die Leute von den Hexenmeistern oder Zauberern haben – Wesen mit besonderen Kräften, die nicht dieselben Bedürfnisse kennen wie die anderen Sterblichen. Indem er sagte, dass sie »den ganzen Tag essen«, stellt Castaneda eine Verbindung zu allen übrigen Menschen her.

fünf Stunden täglich heraus.« So zu schlafen erfordert von einem die Fähigkeit, sofort in den Tiefschlaf zu versinken.

Castaneda kehrte zu Joe Córdoba und seiner Frau zurück und erzählte, dass eines Tages die toltekische Señora kam und sagte, sie arbeiteten nicht genug. »Sie trug uns auf, eine ziemlich große Landschaftsgärtnerei zu gründen. Diese neue Aufgabe der toltekischen Señora war keine Kleinigkeit. Wir mussten Leute einstellen, die uns unter der Woche halfen, während wir in der Imbissstube waren. An den Wochenenden widmeten wir uns ausschließlich den Gärten. Wir hatten großen Erfolg.

La Gorda hat viel Unternehmungsgeist. Wir arbeiteten in diesem Jahr sehr hart. Während der Woche waren wir im Lokal und an den Wochenenden fuhren wir den Lkw und beschnitten die Bäume. Die toltekische Señora stellt sehr hohe Forderungen. Ich erinnere mich, wie wir einmal bei einem Freund zu Besuch waren, als Leute von der Zeitung kamen und Carlos Castaneda suchten. Es waren Reporter von der *New York Times*. Um unbemerkt zu bleiben, machten La Gorda und ich uns daran, im Garten meines Freundes Bäume zu pflanzen. Wir sahen sie von weitem das Haus betreten und wieder verlassen. In diesem Augenblick schrie mein Freund uns an und beschimpfte uns vor den Reportern. Joe Córdoba und seine Frau konnte man offenbar einfach anschreien. Keiner der Anwesenden nahm uns in Schutz. Wer waren wir auch? Dort arbeiten nur die Armen und die Hunde in der Sonne.

So haben mein Freund, La Gorda und ich die Reporter getäuscht. Meinen Körper konnte ich jedoch nicht täuschen. Drei Jahre gaben wir uns der Aufgabe hin, dem Körper Erlebnisse zu verschaffen, die ihm bewusst machten, dass wir in Wirklichkeit nichts sind. In Wirklichkeit ist der Körper nicht das Einzige, was leidet. Auch der Geist ist an ständige Reize gewöhnt. Der Körper empfängt jedoch keine Reize aus der Umwelt; er braucht sie nicht. Was konnte es daher für einen besseren Ort geben als den, an dem wir uns befanden! Dort denkt niemand!«

Bei der weiteren Schilderung seiner Abenteuer erzählte Castaneda, dass er und La Gorda mehr als einmal mit Fußtritten auf die Straße befördert wurden. »Bei anderen Gelegenheiten, wenn wir mit dem Lkw fuhren, drängten sie uns in den Straßengraben. Was hätten wir tun sollen? Das Beste war, sie vorbeifahren zu lassen!« Nach allem, was uns Castaneda erzählt hatte, schien es, als hätte die Aufgabe dieser Jahre etwas damit zu tun gehabt, wie man »lernt unter ungünstigen Umständen zu überleben« und »mit dem Erlebnis der Diskriminierung zu überleben«. Letzteres war »sehr schwer zu ertragen, aber sehr lehrreich«, schloss Castaneda mit großer Ruhe. Das Ziel der Aufgabe besteht darin, sich der emotionalen Wirkung zu entziehen, welche die Diskriminierung auslöst. Das Wichtigste ist, nicht zu reagieren, sich nicht zu ärgern. Wer reagiert, ist verloren. »Man ärgert sich nicht über den Tiger, wenn er angreift«, erklärte er. »Man tritt zur Seite und lässt ihn vorbeispringen. Bei einer anderen Gelegenheit fanden La Gorda und ich Arbeit in einem Haus, sie als Dienstmädchen, ich als Verwalter. Sie können sich nicht vorstellen, wie das ausging! Sie jagten uns mit Fußtritten und ohne Lohn davon! Mehr noch: Um sich für den Fall, dass wir uns wehrten, zu schützen, hatten sie die örtliche Polizei geholt. Stellen Sie sich das vor! Wir wurden ohne Grund verhaftet. In diesem Jahr mussten La Gorda und ich sehr hart arbeiten und große Entbehrungen erdulden. Oft hatten wir nichts zu essen. Das Schlimmste war, dass wir uns nicht beschweren konnten und die Unterstützung der Gruppe nicht hatten. Bei dieser Aufgabe waren wir allein und konnten nicht entkommen. Auch wenn wir hätten sagen dürfen, wer wir waren, hätte uns niemand geglaubt. Die Aufgabe ist immer total. Ich bin tatsächlich Joe Córdoba«, fuhr Castaneda fort, und er begleitete seine Worte mit Bewegungen seines ganzen Körpers. »Und das ist sehr schön, weil man tiefer nicht mehr fallen kann. Ich bin auf dem tiefsten Punkt angelangt, den man erreichen kann. Das ist alles, was ich bin.« Bei diesen letzten Worten berührte er den Boden mit den Händen. »Wie ich schon sagte, hat jeder von uns andere Aufgaben zu bewältigen. Die Genaros sind sehr geschickt. Benigno ist jetzt in Chiapas, und es gefällt ihm dort sehr gut. Er hat eine Band. Benigno besitzt die wunderbare Gabe, andere nachzuahmen. Er imitiert Tom Jones und viele andere. Pablito ist ganz der alte. Er ist sehr faul. Benigno zieht den Rummel auf und Pablito feiert. Benigno arbeitet und Pablito nimmt den Applaus entgegen. Jetzt haben wir alle unsere Aufgaben erledigt und bereiten uns auf neue vor. Die toltekische Señora gibt uns die Befehle.« Die Geschichte von Joe Córdoba und seiner Frau hatte uns sehr beeindruckt. Es war ein ganz anderes Erlebnis als die in seinen Büchern beschriebenen. Wir wollten wissen, ob er über Joe Córdoba etwas geschrieben hatte oder gerade schrieb. »Ich wusste, dass Joe Córdoba existierte«, sagte einer von uns. »Er musste existieren. Warum schreiben Sie nicht darüber? Von allem, was Sie uns eben gesagt haben, hat die Geschichte von Joe Córdoba und seiner Frau den stärksten Eindruck auf mich gemacht.«

»Ich habe meinem Agenten gerade ein neues Manuskript übergeben«, antwortete Castaneda. »In diesem Manuskript ist die toltekische Señora diejenige, die lehrt. Es konnte nicht anders sein. Der Titel wird möglicherweise lauten ›Das Pirschen und die Kunst, auf der Welt zu sein‹*. Darin ist ihre ganze Lehre enthalten. Sie ist für dieses Manuskript verantwortlich. Es musste eine Frau sein, die die Kunst des Pirschens lehrt. Die Frauen kennen sie gut, denn sie haben immer mit dem Feind gelebt, das heißt, sie sind immer in einer Männerwelt ›auf Zehenspitzen gegangen‹. Eben deshalb, weil die Frauen eine lange Erfahrung in dieser Kunst haben, muss die toltekische Señora die Prinzipien des Pirschens genau erläutern.

Allerdings findet sich in diesem letzten Manuskript nichts Konkretes über das Leben von Joe Córdoba und seiner Frau. Ich kann dieses Erlebnis nicht in allen Einzelheiten beschreiben, denn niemand würde es verstehen oder glauben. Über diese Dinge kann ich nur mit sehr we-

---

* Unlängst kündigte der Verlag *Simon and Schuster* ein neues Buch von Carlos Castaneda unter dem Titel *The Flight of the Eagle* an. (Tatsächlich erschienen ist mittlerweile *The Eagle's Gift*, Simon and Schuster, New York 1981, dt. von Thomas Lindquist, *Die Kunst des Pirschens*, S. Fischer Verlag, Frankfurt a. M. 1981. A.d.Ü.)

nigen Menschen sprechen ... Ja, die Essenz der Erfahrungen der letzten Jahre ist in dem Buch enthalten«.

Dann kehrte er wieder zur toltekischen Señora und ihrer Eigenart zurück und sagte, dass sie ganz anders sei als Don Juan. »Mich liebt sie nicht«, behauptete er, »aber La Gorda, die liebt sie! Die toltekische Señora kann man nichts fragen. Bevor man den Mund aufmacht, weiß sie schon, was sie sagen muss. Außerdem muss man sie fürchten; wenn sie sich ärgert, schlägt sie zu«, schloss er und machte einige Gesten, die seine Furcht ausdrückten.

Die Traum-Übung

Wir schwiegen eine Weile. Die Sonne stand schon tief, und ihre Strahlen erreichten uns, sie fielen zwischen den Baumstämmen hindurch. Mich fröstelte ein wenig. Ich schätzte, dass es etwa sieben Uhr abends sein musste.

Castaneda schien sich auch der vorgerückten Stunde bewusst zu sein. »Es ist schon spät«, sagte er. »Was meinen Sie, gehen wir etwas essen? Ich darf Sie einladen?«

Wir standen auf und machten uns auf den Weg. Durch einen ironischen Zufall trug Castaneda ein Stück meine Aufzeichnungen und seine Bücher. Das Beste war, alles im Auto zu lassen. Das taten wir auch. Unbeschwert gingen wir in lebhaftem Gespräch einige Häuserblocks weit. Alles, was sie erreicht haben, erfordert Jahre der Vorbereitung und Übung. Ein Beispiel ist die Übung des »Träumens«. – »Was wie eine Verrücktheit klingt, ist sehr schwer zu erreichen«, versicherte Castaneda mit Nachdruck. In dieser Übung geht es darum, dass man lernt, nach Wunsch und systematisch zu träumen. Man beginnt damit, von einer Hand zu träumen, die im Gesichtsfeld des Träumenden erscheint. Dann sieht man den ganzen Arm. So geht es Schritt für Schritt weiter, bis man sich selbst im Traum sehen kann. Im nächsten Stadium lernt man, von den Träumen Gebrauch zu machen. Das heißt, sobald es einem gelungen ist, sie zu beherrschen, muss man lernen, in ihnen zu handeln. »So träumt man beispielsweise«, sagte Castaneda, »von sich selbst, wie man den Körper verlässt, die Tür öffnet und auf die Straße hinausgeht. Die Straße ist etwas Unerhörtes! Etwas in einem tritt aus einem heraus; man schafft es nach Belieben.«

Castaneda erzählte uns, dass das Träumen keine Zeit in Anspruch nimmt. Das heißt, das Träumen findet nicht in der Zeit unserer Uhren statt. Die Traumzeit ist etwas sehr Kompaktes. »Die toltekische Señora«, erklärte Castaneda weiter, »sagt, dass das Träumen in der ›P-Zeit‹ stattfindet. Warum? Ich weiß es nicht. Sie sagt, es ist so.« Castaneda gab uns zu verstehen, dass das Träumen zu einer ungeheuren körperlichen Schwächung führt. »Man kann in den Träumen viel erleben«, sagte er, »aber der Körper bekommt es zu spüren. Mein Körper spürt es sehr ... Er fühlte sich danach so schwer wie Blei an.« Wenn wir das Thema »Traum« berührten, sagte Castaneda mehrere Male, dass das, was wir in den Träumen tun, einen pragmatischen Wert hat. In *Der Ring der Kraft* liest man, dass die Erlebnisse im Traum und im Wachsein »die gleiche praktische Bedeutung gewinnen. Der Zauberer denkt, dass unter dem Einfluss von Träumen die üblichen Kriterien der Unterscheidung zwischen Traum und Wirklichkeit außer Kraft gesetzt werden« (S. 17).

Dieses Heraustreten oder die Reise außerhalb des physischen Körpers weckte unser lebhaftes Interesse, und wir wollten mehr über diese Erlebnisse erfahren.

Er antwortete uns mit der Erklärung, dass jeder von ihnen verschiedene Erfahrungen gemacht hat. »La Gorda und ich zum Beispiel, wir gehen zusammen. Sie nimmt mich am Unterarm und ... wir gehen.«

Er erklärte uns auch, dass die Gruppe gemeinsame Reisen unternimmt. Alle sind in ständiger Übung, deren Ziel es ist, »Zeuge zu sein«. Castaneda sagte: »Zeuge sein, das bedeutet, dass man über nichts mehr urteilen kann. Das heißt, es handelt sich um *ein endloses Sehen,* was so viel bedeutet wie keine Vorurteile mehr haben.«

Josefina scheint große Fähigkeiten für diese Reisen im Traumkörper zu besitzen. Sie möchte Castaneda mitnehmen und lockt ihn, indem sie ihm wunderbare Dinge erzählt. La Gorda rettet ihn dann immer.

»Josefina kann mit großer Leichtigkeit diesen Spiegel der Selbstbetrachtung zerbrechen. Sie ist verrückt, völlig verrückt!«, rief er. »Josefina fliegt sehr weit, aber sie mag nicht allein gehen und kehrt immer wieder zurück. Sie kehrt zurück und sucht mich ... Sie berichtet mir wunderbare Dinge!« Laut Castaneda ist Josefina ein Wesen, das auf dieser Welt nicht funktionieren kann. »Hier«, sagte er, »hätte man sie längst in eine Anstalt gesteckt.« Josefina ist ein Geschöpf »ohne Bindungen an das Konkrete«, sie ist ätherisch. »Jeden Augenblick kann sie für immer fortgehen.« La Gorda und er sind dagegen viel vorsichtiger bei ihren Flügen. Besonders La Gorda repräsentiert das Gleichgewicht und die Stabilität, die ihm in einem gewissen Maße fehlen.

Nach einer Pause erinnerte ich ihn an die Vision der Kuppel, die in *Der zweite Ring der Kraft* als Ort der Begegnung dargestellt ist und wo Don Juan und Don Genaro sie erwarten. »La Gorda hat diese Vision auch«, bemerkte er nachdenklich. »Was wir da sehen, ist kein irdischer Horizont. Es ist etwas sehr Ebenes und Unfruchtbares, an dessen Horizont wir so etwas wie einen ungeheuren Bogen sehen, der alles bedeckt und sich bis zum Zenit erhebt. An diesem Punkt des Zenits sieht man ein großes Leuchten. Ich würde sagen, es ist so etwas wie eine Kuppel, die ein bernsteingelbes Licht ausstrahlt.« Wir bedrängten ihn mit Fragen, damit er uns mehr über diese Kuppel sagte. »Was ist das? Wo ist sie?«

Castaneda antwortete, was sie sehen, sei so groß, dass es ein Planet sein könnte. »Im Zenit«, fügte er hinzu, »gibt es so etwas wie einen großen Wind.«

An der Kürze seiner Antwort erkannten wir, dass Castaneda nicht gern über dieses Thema sprach. Möglicherweise fand er auch nicht die richtigen Worte, um auszudrücken, was sie sehen. Wie dem auch sei, es ist augenscheinlich, dass diese Visionen, diese Flüge im Traumkörper eine ständige Übung für die letzte Reise sind – dieses Vorbeigehen an der linken Seite des Adlers, diesen letzten Sprung, den man »Tod« nennt, diese Beendigung der Rekapitulation, dieses Sagen-Können »Wir sind bereit« –, auf die wir alles mitnehmen, was wir sind, aber nicht mehr als das, was wir sind.

»Die toltekische Señora sagt«, vertraute uns Castaneda an, »dass diese Visionen Abirrungen von mir sind. Sie denkt, dies sei meine unbewusste Art, das Handeln zu lähmen, das heißt, meine Art zu sagen, dass ich nicht aus der Welt fortgehen will. Die toltekische Señora sagt auch, dass ich durch meine Einstellung La Gorda in ihren Möglichkeiten eines fruchtbareren oder produktiveren Fluges behindere.«

Don Juan und Don Genaro waren große Träumer. Sie beherrschten die Kunst vollkommen. »Mich erschreckt, dass niemand bemerkt, was für ein unerhörter Träumer Don Juan ist!«, rief Castaneda plötzlich und hob die Hand an die Stirn. »Dasselbe kann man von Don Genaro sagen. Don Genaro zum Beispiel ist imstande, seinen Traumkörper in das tägliche Leben herüberzunehmen.« Die große Disziplin Don Juans und Don Genaros zeigt sich in dieser Fähigkeit, nicht aufzufallen oder sich unbemerkt zu bewegen.* »Alles, was sie tun«, fuhr er begeistert fort, »ist rühmenswert. An Don Juan bewundere ich sehr die große Selbstbeherrschung, Zurückhaltung und Gelassenheit.

Man wird von Don Juan nie sagen können, er sei ein seniler Greis. Das ist bei anderen Menschen nicht so. Hier

---

* In allen Büchern spielt Castaneda auf dieses »Nicht-Auffallen« und »Unbemerkt-Bleiben« an. In *Der zweite Ring der Kraft* erinnert er sich daran, wie oft ihm Don Juan befohlen hatte, sich darauf zu konzentrieren, nicht aufzufallen. Auch Nestor sagt, dass Don Juan und Genaro gelernt hatten, »sich unbemerkt zwischen alledem zu bewegen« (S. 192). Die beiden sind Meister in der Kunst des Pirschens. Von Don Genaro sagt La Gorda, dass er »die meiste Zeit in seinem geträumten Körper war« (S. 258).

auf dem Campus gibt es zum Beispiel einen alten Professor, der schon berühmt war, als ich noch ein Junge war. Damals befand er sich auf dem Höhepunkt seiner körperlichen Stärke und geistigen Schaffenskraft. Jetzt kaut er auf seiner ausgetrockneten Korkzunge herum. Jetzt kann ich ihn sehen, wie er ist, als senilen Greis. Von Don Juan dagegen werde ich so etwas nie sagen können. Seine Überlegenheit mir gegenüber ist immer unüberbrückbar.«
In dem Interview mit Sam Keen sagt Castaneda, dass ihn Don Juan einmal fragte, ob er meine, dass sie beide gleich seien. Obwohl er es nicht wirklich glaubte, antwortete er in herablassendem Ton mit Ja. Don Juan hörte ihn an, ließ aber sein Urteil nicht gelten. »Ich glaube nicht, dass wir es sind«, sagte er, »denn ich bin ein Jäger und ein Krieger, und du bist nichts weiter als ein Zuhälter. Ich bin jederzeit bereit, die Rekapitulation meines Lebens anzubieten. Deine kleine Welt voller Traurigkeit und Unentschlossenheit kann nie der meinen gleichen.«[*]

In allem, was uns Castaneda gesagt hatte, kann man Parallelen zu anderen Strömungen und Traditionen des mystischen Denkens finden. In seinen Büchern selbst werden Autoren und Werke vom Altertum bis zur Gegenwart zitiert. Ich erinnerte ihn daran, dass er unter anderem auf das *Ägyptische Totenbuch* und Wittgensteins *Tractatus,* auf spanische Dichter wie San Juan de la Cruz und Juan Ramón Jiménez und auf lateinamerikanische Autoren wie den Peruaner César Vallejo verwies.

»Ja«, antwortete er. »Ich habe immer Bücher in mei-

---

[*] Sam Keen: *Voices and Visions.* Harper and Row, New York 1976, S. 122.

nem Auto, viele Bücher. Sachen, die mir die einen und die anderen schicken. Ich habe Don Juan oft aus diesen Büchern vorgelesen. Ihm gefällt die Lyrik. Selbstverständlich immer nur die ersten vier Zeilen! Was folgt, ist nach seinen Worten reine Idiotie. Er sagt, nach der ersten Strophe geht die Kraft verloren, es gibt dann nur noch Wiederholungen.«

Einer von uns fragte ihn, ob er die Yogatechniken und die Beschreibungen der verschiedenen Ebenen der Wirklichkeit aus den heiligen Schriften der Inder kenne oder von ihnen gelesen habe. »Das alles ist wunderbar«, antwortete er. »Ich hatte außerdem ziemlich enge Beziehungen zu Leuten, die Hatha-Yoga praktizierten. Im Jahre 1976 machte mich ein befreundeter Arzt, Claudio Naranjo [Kennen Sie ihn? fragte er uns], mit einem Yogameister bekannt. Wir besuchten ihn in seinem Aschram, hier in Kalifornien. Wir verständigten uns mit Hilfe eines Professors, der für uns dolmetschte. Ich versuchte in diesem Gespräch Parallelen zu meinen eigenen Erfahrungen mit den Reisen außerhalb des Körpers zu entdecken. Es wurde aber nichts Wichtiges gesprochen. Es gab zwar eine Menge Umständlichkeiten und Zeremonien, aber gesagt wurde nichts. Gegen Ende des Gesprächs nahm dieser Mensch so etwas wie einen Wäschesprenger aus Metall und begann mich mit einer Flüssigkeit zu bespritzen, deren Geruch mir ganz und gar nicht gefiel. Sobald er sich zurückgezogen hatte, fragte ich, womit er mich eben bespritzt hatte. Jemand trat zu mir und erklärte mir, ich dürfe mich sehr glücklich schätzen, denn er habe mich gesegnet. Ich bestand darauf zu erfahren, was das Gefäß enthielt. Schließlich sagte man mir, dass alle Ausscheidungen des Meisters aufbewahrt wurden. ›Alles, was aus ihm kommt, ist heilig.‹ Sie können sich vorstellen«, schloss er in einem halb spöttischen, halb scherzenden Ton, »dass damit das Gespräch mit dem Yogameister zu Ende war.«

Ein paar Jahre später hatte Castaneda ein ähnliches Erlebnis mit einem der Schüler Gurdijeffs. Er traf sich mit ihm auf Drängen eines Freundes in Los Angeles. Offenbar ahmte dieser Herrn Gurdijeff in allem nach. »Er hatte sich den Kopf kahl geschoren und trug einen riesigen Schnurrbart«, sagte Castaneda und zeigte mit den Händen, wie groß der Bart war. »Wir waren kaum eingetreten, als er mich auch schon kräftig am Hals packte und mir einige gewaltige Schläge versetzte. Unmittelbar darauf sagte er, ich müsse den Lehrer verlassen, den ich hatte, weil ich nur meine Zeit vergeudete. Er werde mir in acht oder neun Lektionen alles beibringen, was ich wissen müsse. Können Sie sich das vorstellen? In ein paar Lektionen bringen sie einem alles bei.« Castaneda sagte uns auch, dass der Schüler Gurdijeffs den Gebrauch von Drogen erwähnt hatte, um den Lernprozess zu beschleunigen. Das Gespräch dauerte nicht lange. Es scheint, dass Castanedas Freund sehr rasch erkannte, wie lächerlich die Situation war und wie sehr er sich geirrt hatte. Dieser Freund hatte auf der Begegnung mit dem Schüler Gurdijeffs bestanden, weil er davon überzeugt war, dass Castaneda einen seriöseren Lehrer als Don Juan brauchte. Nach diesem Gespräch schämte sich sein Freund sehr, sagte uns Castaneda.

Wir waren schon sechs oder sieben Häuserblocks weit gegangen. Eine Weile sprachen wir von verschiedenen

Dingen, die uns gerade so einfielen. Ich erinnere mich an meine Bemerkung, dass ich in *La Gaceta del Fondo de Cultura Económica* einen Artikel von Juan Tovar gelesen hatte, in dem die Möglichkeit erwähnt wurde, die Bücher zu verfilmen.*

»Ja«, sagte er, »eine Zeit lang sprach man von dieser Möglichkeit.« Dann berichtete er uns von seiner Begegnung mit dem Produzenten Joseph Levine, der ihn hinter seinem riesigen Schreibtisch eingeschüchtert hatte. Die Größe des Schreibtisches und die Worte des Produzenten, die wegen der dicken Zigarre, die er zwischen den Lippen hielt, kaum verständlich waren, gehörten zu den Dingen, die Castaneda am meisten beeindruckt hatten. »Er saß hinter einem Schreibtisch wie auf einem Podium«, erklärte er, »und ich stand ganz klein da unten. Die Mächtigen! Die Hände voller Ringe mit sehr großen Steinen.« Castaneda hatte Juan Tovar gesagt, das letzte, was er erwartete, sei, Anthony Quinn in der Rolle des Don Juan zu sehen. Es scheint, dass jemand Mia Farrow für eine der Rollen vorgeschlagen hatte ... »Einen solchen Film zu konzipieren war sehr schwer«, erklärte er. »Er ist weder Ethnographie noch Dichtung. Der Plan wurde schließlich aufgegeben. Der Nagual Juan Matus sagte mir, es lasse sich nicht machen.«

Um dieselbe Zeit lud man ihn ein, an »Shows« wie denen von Johnny Carson und Dick Cavett teilzunehmen. »Schließlich konnte ich mich auf so etwas nicht einlassen.

---

* Siehe Juan Tovar, »Encuentros de poder«, in *Gaceta F.C.E.*, Mexiko, Dez. 1974.

Was sage ich beispielsweise Johnny Carson, wenn er mich fragt, ob ich mit dem Kojoten gesprochen habe oder nicht? Was soll ich ihm antworten? Ich sage also ja ... und dann?« Es wäre zweifellos eine lächerliche Situation gewesen. »Don Juan trug mir auf, Zeugnis abzulegen von einer Tradition«, sagte Castaneda. »Er selbst bestand darauf, dass ich Interviews gab und Vorträge hielt, um den Verkauf der Bücher zu fördern. Dann hieß er mich, alles aufzugeben, weil diese Art von Aufgabe viel Energie verbraucht. Wenn man sich mit so etwas beschäftigt, muss man seine ganze Kraft einsetzen.«

Castaneda erklärte, dass er es übernommen hat, mit den Einnahmen aus seinen Büchern die Ausgaben der ganzen Gruppe zu bestreiten. Er ernährt sie alle.

»Don Juan«, sagte er, »gab mir die Aufgabe, alles aufzuschreiben, was die Zauberer und Hexen sagen. Meine Aufgabe besteht nur darin zu schreiben, bis man mir eines Tages sagt: ›Genug. Nun ist es zu Ende.‹ Die Wirkung, die meine Bücher haben oder nicht haben, kenne ich nicht wirklich, weil ich keine Beziehung zu dem habe, was hier geschieht. Don Juan und jetzt der toltekischen Señora gehört das ganze Material der Bücher. Sie sind verantwortlich für alles, was darin gesagt wird.« Der Ton seiner Stimme und seine Gesten beeindruckten uns sehr. Es war augenscheinlich, dass Castaneda in dieser Hinsicht einfach die Aufgabe hatte zu gehorchen. Sein einziges Ziel ist es, makellos zu sein als Empfänger und Übermittler einer Tradition und einer Lehre.

»Ich persönlich«, fuhr er nach einer Pause fort, »arbeite an einer Art von ›Journal‹. Es ist eine Art Handbuch.

Für diese Arbeit bin ich selbst verantwortlich. Ich möchte, dass es ein seriöser Verlag herausbringt und an interessierte Personen und Studienzentren verteilt.«

Er sagte uns, er habe etwa achtzehn »abstrakte Kerne« ausgearbeitet, in denen er, wie er glaubt, die ganze Lehre der toltekischen Nation zusammengefasst hat. Er benutzte dabei die Phänomenologie Edmund Husserls als theoretischen Rahmen, um verständlich zu machen, was man ihn gelehrt hat. »Letzte Woche«, sagte er, »war ich in New York.

Ich trug das Projekt dem Verlag *Simon and Schuster* vor, kam damit aber nicht an. Es scheint, dass sie Angst haben. So eine Sache kann kein Erfolg werden.

Für diese achtzehn ›abstrakten Kerne‹ bin ich allein verantwortlich«, sagte er nachdenklich, »und wie Sie sehen, hatte ich keinen Erfolg. Die achtzehn ›abstrakten Kerne‹ sind so etwas wie die achtzehn Stürze, bei denen ich mir heftig den Kopf aufschlug. Ich bin mit dem Verlag einer Meinung, dass es schwere Lektüre ist, aber so bin ich ... Don Juan, Don Genaro, alle anderen sind nicht so. Sie sind leicht!«* Dann fragte er, uns zuvorkommend: »Warum ich sie ›abstrakte Kerne‹ nenne? Ich nenne sie so, weil jede eine der grundlegenden Methoden zeigen soll, die Einheit des Vertrauten zu zerbrechen. Man kann diese einzige, auf die Wahrnehmung gegründete Anschauung auf verschiedene Arten zerstören.« Castaneda, der uns das noch einmal zu erklären versuchte, wählte als Beispiel die

---

* Wie uns Castaneda am Telefon sagte, hat sich der Verlag *Simon and Schuster* zuletzt doch dazu entschlossen, das Projekt des »Journals« anzunehmen, das ihm solche Sorgen zu bereiten schien. Bis jetzt ist es noch nicht erschienen.

Landkarte. Jedes Mal, wenn wir einen Ort erreichen wollen, brauchen wir eine Karte mit deutlichen Bezugspunkten, um uns nicht zu verirren. »Ohne Karte finden wir nichts!«, rief Castaneda. »Was daraufhin geschieht, ist, dass diese Karte das Einzige ist, was wir sehen. Anstatt zu sehen, was es zu sehen gibt, sehen wir zuletzt die Karte, die wir in uns tragen. Deshalb ist das Zerbrechen des Spiegel der Selbstbetrachtung, das ständige Durchtrennen der Fäden, die uns zu den bekannten Bezugspunkten führen, die letzte Lehre Don Juans.« Mehrere Male im Laufe dieses Nachmittags musste Castaneda darauf bestehen, dass er nichts weiter war als eine »einfache Brücke zur Welt«. Alles Wissen der Bücher gehört dem toltekischen Volk. Angesichts seiner Beharrlichkeit musste ich reagieren und sagen, dass doch die Arbeit, das Material der Aufzeichnungen zu zusammenhängenden und klar gegliederten Büchern zusammenzufassen, immerhin sehr groß und schwierig war. »Nein«, antwortete Castaneda. »Ich habe damit keine Arbeit. Meine Aufgabe besteht einfach darin, die Seite zu kopieren, die mir im Träumen gegeben wird.«

Nach Castaneda kann man nicht etwas aus dem Nichts schaffen. So schaffen zu wollen, ist Unsinn. Um uns das zu erklären, zog er zum Vergleich eine Episode aus dem Leben seines Vaters heran. »Mein Vater«, erzählte er, »beschloss, ein großer Schriftsteller zu werden. Mit dieser Absicht ging er daran, sein Arbeitszimmer einzurichten. Er musste ein perfektes Arbeitszimmer haben. Jede Einzelheit musste berücksichtigt werden, von der Dekoration der Wände bis zu der Art von Licht, das er am Arbeitstisch brauchte. Sobald das Zimmer fertig war, suchte er lange nach einem für sein Unternehmen geeigneten Schreibtisch. Er musste eine ganz bestimmte Größe und Farbe haben, aus einem bestimmten Holz sein etc. Dasselbe galt für die Wahl des Stuhls, auf den er sich setzen wollte. Dann musste eine geeignete Auflage ausgesucht werden, damit das Holz des Schreibtisches nicht zerkratzt wurde. Sie konnte aus Plastik, Glas, Leder oder Pappe sein. Darauf wollte mein Vater das Papier legen, auf dem sein Meisterwerk entstehen sollte. Dann saß er auf seinem Stuhl vor dem weißen Papier und wusste nicht, was er schreiben sollte. So ist mein Vater. Er will gleich als allererstes den vollkommenen Satz schreiben. Selbstverständlich kann man so nicht schreiben! Man ist immer ein Werkzeug, ein Mittler. Ich sehe jede Seite im Traum, und der Erfolg jeder dieser Seiten hängt vom Grad der Treue ab, mit der ich imstande bin, dieses Traumvorbild zu kopieren. Genau gesagt, ist die Seite, die am stärksten beeindruckt oder wirkt, diejenige, bei der es mir gelungen ist, das Original mit der größten Genauigkeit zu kopieren.«

Diese Bemerkungen Castanedas enthüllen eine ganze Theorie der Erkenntnis und der geistigen und künstlerischen Schöpfung. (Ich dachte augenblicklich an Platon und den heiligen Augustinus und ihr Bild vom »inneren Lehrer«.) Erkennen ist Entdecken und Schaffen ist Kopieren. Weder die Erkenntnis noch die Schöpfung kann jemals ein Unternehmen *persönlicher* Art sein. Während des Abendessens erwähnte ich einige seiner Interviews, die ich gelesen hatte. Ich sagte, dass mir besonders das Interview gefallen hatte, das Sam Keen zuerst in *Psychology Today* veröffentlichte. Auch Castaneda war mit diesem Interview zufrieden. Er schätzte Sam Keen sehr. »In diesen Jahren«, sagte er, »kannte ich viele Menschen, deren Freund ich gern geblieben wäre ... ein Beispiel ist der Theologe Sam Keen. Aber Don Juan sagte ›genug‹.«

In Bezug auf das Interview in *Time* erzählte uns Castaneda, dass ihn zuerst ein Journalist in Los Angeles aufgesucht hatte. Es scheint, dass die beiden nicht miteinander zurecht kamen (»Es funkte nicht«, sagte er), und der Mann ging wieder. Daraufhin schickte man ihm »eines dieser Mädchen, die nicht nein sagen können«, erklärte er, und wir lächelten. Alles ging sehr gut und die beiden verstanden sich »ausgezeichnet«. Castaneda hatte den Eindruck, dass sie verstand, was er ihr sagte. Zuletzt schrieb sie aber den Artikel doch nicht. Man gab die Notizen, die sie gemacht hatte, einem Journalisten. »Ich glaube, er ist jetzt in Australien«, sagte Castaneda. Dieser Journalist machte mit den Notizen offenbar, was er wollte. Jedes Mal, wenn aus dem einen oder anderen Grunde das Interview in *Time* erwähnt wurde, war ihm der Ärger offen anzumerken. Er hatte Don Juan darauf aufmerksam gemacht, dass *Time* eine zu wichtige und einflussreiche Zeitschrift ist, aber Don Juan hatte auf dem Interview bestanden. »Das Interview wurde gemacht – um jeden Preis«, fügte er hinzu und gebrauchte wieder einen für Buenos Aires typischen Ausdruck.

Wir sprachen auch über die Kritiker und das, was über seine Bücher geschrieben worden war. Ich erwähnte Richard de Mille und andere, die die Wahrhaftigkeit und den anthropologischen Wert seiner Arbeit angezweifelt hatten.

»Die Arbeit, die ich zu verrichten habe«, sagte Castaneda, »ist unabhängig von allem, was die Kritiker sagen können. Meine Aufgabe besteht darin, dieses Wissen so gut wie möglich darzustellen. Nichts, was sie sagen können, berührt mich, denn ich bin nicht mehr Carlos Castaneda, der Schriftsteller. Ich bin weder Schriftsteller noch Denker oder Philosoph. Deshalb treffen mich ihre Angriffe nicht. Jetzt weiß ich, dass ich nichts bin; niemand kann mir etwas nehmen, denn Joe Córdoba ist *nichts*. Es gibt in all dem keinen persönlichen Stolz.

Wir leben auf einem Niveau, das niedriger ist als das des mexikanischen Bauern, und das will etwas heißen. Wir haben den Boden berührt und können nicht tiefer fallen. Der Unterschied zwischen uns und dem Bauern ist, dass er Hoffnungen hat, etwas liebt und arbeitet, um eines Tages mehr zu haben, als er heute hat. Wir dagegen haben nichts und haben immer weniger. Können Sie sich das vorstellen? Die Kritiker können nicht ins Schwarze treffen. Ich bin nie vollständiger da, als wenn ich Joe Córdoba bin!«, rief er heftig und breitete die Arme in einer kraftvollen Gebärde aus. »Joe Córdoba, der den ganzen Tag Hamburger brät, die Augen voll Rauch ... Verstehen Sie mich?«

Nicht alle Kritiker waren negativ eingestellt. Octavio Paz zum Beispiel schrieb ein sehr gutes Vorwort für die spanische Ausgabe von *Die Lehren des Don Juan*.* Ich hatte es sehr schön gefunden. »Ja«, stimmte Castaneda zu. »Dieses Vorwort ist ausgezeichnet. Octavio Paz ist ein

---

* Octavio Paz: *La mirada anterior.*

echter Gentleman. Vielleicht einer der letzten, die es noch gibt.« Der Ausdruck »ein echter Gentleman« bezieht sich nicht auf die unbestreitbaren Qualitäten von Octavio Paz als Denker und Schriftsteller. Nein, er weist auf die inneren Qualitäten des Seins hin, auf den Wert der Person als menschliches Wesen. Dass Castaneda von »einem der letzten, die es noch gibt«, sprach, hebt die Tatsache hervor, dass es sich um eine Spezies handelt, die vom Aussterben bedroht ist.

»Gut«, sagte Castaneda und versuchte die Wirkung seiner Worte abzuschwächen. »Vielleicht gibt es noch zwei Gentlemen.« Der andere ist ein alter mexikanischer Historiker, ein Freund von ihm, dessen Name uns unbekannt war. Über ihn erzählte er uns einige Anekdoten, die seine körperliche Vitalität und geistige Lebhaftigkeit widerspiegelten.

In diesem Stadium des Gesprächs erklärte uns Castaneda, wie er die Briefe auswählt, die er bekommt. »Soll ich Ihnen erzählen, wie ich es mit Ihnen gemacht habe?«, fragte er, zu mir gewandt. Er sagte uns, dass sie ein junger Mann, mit dem er befreundet ist, entgegennimmt und in einer Tasche aufbewahrt, bis er nach Los Angeles kommt. Sobald er da ist, geht Castaneda immer nach demselben Schema vor. Zuerst schüttet er die ganze Post in einen großen Karton – »wie eine Spielzeugschachtel« –, dann zieht er nur einen Brief heraus, und diesen liest und beantwortet er. Selbstverständlich niemals schriftlich. Castaneda hinterlässt keine Spuren.

»Der Brief, den ich herauszog«, erklärte er, »war der erste, den Sie mir schrieben. Danach suchte ich den zweiten. Sie können sich nicht vorstellen, welche Schwierigkeiten ich hatte, Ihre Telefonnummer zu bekommen. Als ich schon glaubte, dass ich kein Glück haben würde, bekam ich sie durch die Universität. Ich dachte wirklich schon, ich würde nicht mit Ihnen sprechen können.« Ich war sehr überrascht, als ich erfuhr, welche Unannehmlichkeiten er auf sich genommen hatte, um mich zu treffen. Es scheint, dass er, sobald er einmal meinen Brief in der Hand hatte, versuchen musste, alle Möglichkeiten auszuschöpfen. In seinem magischen Universum gibt man viel auf »Zeichen«.

»Hier in Los Angeles«, fuhr Castaneda beiläufig fort, »habe ich einen Freund, der mir viel schreibt. Jedes Mal, wenn ich komme, lese ich alle seine Briefe, einen nach dem andern, als hätte ich ein Tagebuch vor mir. Einmal stieß ich unter diesen Briefen auf einen anderen, den ich gedankenlos öffnete. Ich las ihn, obwohl mir augenblicklich klar war, dass er nicht von meinem Freund stammte. Dass er sich in dem Stapel befand, war für mich ein Zeichen.«

Dieser Brief brachte ihn mit zwei Menschen zusammen, die ihm von einem sehr interessanten Erlebnis berichteten. Es war Abend, und sie mussten zum San Bernardino Freeway. Sie wussten, dass sie, um dorthin zu gelangen, bis zum Ende der Straße fahren mussten, in der sie waren, um dann nach links abzubiegen und weiterzufahren, bis sie die Landstraße erreichten. So machten sie es auch, aber nach etwa zwanzig Minuten wurde ihnen klar, dass sie sich an einem völlig fremden Ort befanden. Das war nicht der »San Bernardino Freeway«. Sie beschlossen auszusteigen und sich zu erkundigen, aber niemand half ihnen. In einem der Häuser, an denen sie anklopften, jagte man sie schreiend davon. Castaneda erzählte uns, dass die beiden Freunde den Weg zurückfuhren bis zu einer Tankstelle, wo sie um Auskunft baten. Man sagte ihnen, was sie ohnehin schon wussten. Sie fuhren also wieder denselben Weg wie zuvor und erreichten ohne Schwierigkeiten die Landstraße.

Castaneda traf sich mit ihnen. Es scheint, dass von den beiden nur einer wirklich daran interessiert ist, dieses Geheimnis zu verstehen. »Es gibt auf der Erde«, sagte er als Erklärung, »Gegenden, ganz bestimmte Orte oder Öffnungen, durch die man in etwas anderes eintritt.« Er hielt inne und erklärte sich bereit, uns hinzuführen. »Es ist hier in der Nähe, in Los Angeles ... Wenn Sie wollen, bringe ich Sie hin.

Die Erde ist etwas Lebendiges. Diese Orte sind die Eingänge, durch die die Erde periodisch Kraft oder Energie aus dem Kosmos erhält. Diese Energie muss der Krieger in sich speichern. Vielleicht kann ich, wenn ich ganz makellos bin, in die Nähe des Adlers gelangen. Wenigstens das! Alle achtzehn Tage fällt eine Woge von Energie auf die Erde nieder. Zählen Sie vom nächsten 3. August an«, schlug er uns vor. »Sie können sie wahrnehmen. Diese Energiewoge kann stark sein oder nicht, je nachdem. Wenn die Erde sehr große Wogen von Energie empfängt, erreicht uns diese immer, gleich wo wir gerade sind. Verglichen mit der Größe dieser Kraft, ist die Erde klein, und die Energie kommt überallhin.« Wir sprachen noch miteinander, als die Servierin an unseren Tisch kam und in barschem Ton fragte, ob wir noch etwas bestellen wollten. Da niemand eine Nachspeise oder Kaffee mochte, blieb uns nichts anderes übrig, als zu gehen. Die Serviererin hatte sich kaum entfernt, als Castaneda sagte: »Es sieht so aus, als wollte man uns hinauswerfen.«

Ja, man warf uns hinaus und vielleicht nicht ohne Grund. Es war spät ... Überrascht stellten wir fest, wie spät es schon geworden war. Wir standen auf und gingen auf die Straße hinaus. Es war Nacht und die Straße und die Menschen sahen festlich aus. Hinter uns trieb ein Schauspieler mit Frack und Zylinder seine Possen. Wir sahen alle lächelnd zu, während unsere Blicke den Teller suchten, der bei solchen Veranstaltungen gewöhnlich die Runde macht. Zu unserer Rechten, unter dem Vordach eines alten Theaters, bereitete jemand auf einer winzigen Bühne eine andere Vorstellung vor. Ich glaubte eine Katze zu sehen, fertig zum Auftritt. Früher einmal versuchte ein als Bär verkleideter Mensch mit dem Mann zu konkurrieren, der mehrere Instrumente gleichzeitig spielte. »Es kommt eben darauf an, sich immer etwas Neues, Extravagantes einfallen zu lassen«, bemerkte jemand.

Während wir in Richtung Campus zurückgingen, sprach Castaneda von einer Reise nach Argentinien, die er plante.

»Dort schließt sich ein Kreis«, sagte er. »Es ist sehr wichtig für mich, nach Argentinien zurückzukehren. Ich weiß noch nicht, wann ich dazu komme, aber ich werde hinfahren. Einstweilen habe ich hier noch einiges zu erledigen. Im August sind es drei Jahre, dass ich Aufgaben ausführe, und es wäre möglich, dass ich dann reisen kann.«

Castaneda sprach an diesem Abend viel von Buenos Aires, von seinen Straßen, Vierteln und Sportklubs. Er erinnerte sich voll Sehnsucht an die Calle Florida mit ihren eleganten Geschäften und der Menge der Spaziergänger und hatte noch genaue Erinnerungen an die Straße der Kinos; die Calle Lavalle, sagte er nach kurzem Nachdenken.

Castaneda lebte in seiner Kindheit in Buenos Aires. Es scheint, dass er in einem Internat in der Stadtmitte untergebracht war. Aus dieser Zeit bewahrte er die traurige Erinnerung, dass man zu ihm gesagt hatte, er sei »mehr breit als lang«, Worte, die sehr schmerzen, wenn man ein Kind ist. »Ich betrachtete immer voll Neid diese hoch gewachsenen und gut aussehenden Argentinier. Sie wissen ja, dass man in Buenos Aires immer einem Sportklub angehören muss«, fuhr Castaneda fort. »Ich war Mitglied bei *Chacarita*. Bei *River Plate* zu sein ist witzlos, nicht wahr? *Chacarita* dagegen ist immer einer der letzten.« Damals lag *Chacarita* tatsächlich immer an letzter Stelle. Es war rührend zu sehen, wie er sich mit den Verlierern identifizierte, mit denen »ganz unten«.

»La Gorda kommt sicherlich mit mir. Sie reist gern. Natürlich möchte sie ›Parici‹ sehen«, erklärte er. »La Gorda kauft jetzt bei Gucci ein, sie ist elegant und möchte nach Paris reisen. Ich sage immer: Gorda, warum nach Paris? Dort gibt es nichts. Aber sie hat ihre eigene Vorstellung von Paris; die ›Stadt der Lichter‹, Sie wissen ja.«

Er erwähnte La Gorda oft an diesem Abend. Castaneda stellte uns in ihr eine außergewöhnliche Persönlichkeit vor, für die er zweifellos große Achtung und Bewunderung hegt. Was war der Sinn all dieser beiläufigen Auskünfte, die er uns über sie gab? Ich glaube, dass Castaneda mit diesen Bemerkungen ebenso wie mit denen, die sich auf die Ess- und Schlafgewohnheiten der Tolteken bezogen, verhindern wollte, dass wir uns ein zu starres Bild von ihnen machten. Die Arbeit, die sie vollbringen, ist sehr ernst, und ihr Leben ist sehr hart, aber sie sind nicht starr, und sie lassen sich nicht von den traditionellen Normen der Gesellschaft unterdrücken. Das Wichtige ist, sich von Schemata zu befreien und sie nicht durch andere zu ersetzen.

Castaneda gab uns zu verstehen, dass er, von Mexiko abgesehen, nicht viel in Lateinamerika gereist war. »Ich war vor kurzem zum ersten Mal in Venezuela«, erklärte er, »und ich muss, wie ich schon sagte, bald nach Argentinien. Dort schließt sich ein Kreis. Dann kann ich gehen. Gut ... die Wahrheit ist, dass ich nicht weiß, ob ich noch gehen will.« Die letzten Worte sagte er lächelnd: »Wer hat keine Bindungen?«

Nach Europa reiste er mehrere Male aus Gründen, die mit seinen Büchern zu tun hatten. »Aber 1973 schickte mich Don Juan nach Italien. Es war meine Aufgabe, nach Rom zu fahren und eine Audienz beim Papst zu erwirken. Er verlangte nicht, dass ich eine Privataudienz erhielt, sondern eine von denen, die ganzen Gruppen gewährt wird. Alles, was ich dabei zu tun hatte, war, dem Obersten Pontifex die Hand zu küssen.«

Castaneda tat alles, was Don Juan verlangt hatte. Er flog nach Italien, kam in Rom an und bat um die Audienz. »Es war eine dieser Mittwoch-Audienzen, nach denen der

Papst eine öffentliche Messe auf dem Petersplatz zelebriert. Man gewährte mir also die Audienz, aber ... ich konnte nicht hingehen. Ich kam nicht einmal bis zur Tür.«
An diesem Abend sprach Castaneda mehrere Male von seiner Familie und von seiner typisch liberalen und ausgesprochen antiklerikalen Erziehung. In *Der zweite Ring der Kraft* spielt Castaneda ebenfalls auf sein antiklerikales Erbe an. Don Juan, der nicht alle seine Vorurteile und Kämpfe gegen die katholische Kirche zu billigen scheint, sagt zu ihm: »Wir brauchen all die Zeit und alle Energie, die wir haben, um die Dummheit in uns zu besiegen. Das ist das Einzige, was zählt. Alles andere ist unwichtig. Nichts von alledem, was dein Großvater oder dein Vater über die Kirche sagte, trug zu ihrem Wohl bei. Wenn du dagegen ein makelloser Krieger bist, dann gibt dir das Leben, Jugend und Kraft. Es ist also gut, wenn du dich weise entscheidest«(S. 227).

Castaneda erörterte keine Theorien über diese Themen. Bezüglich der Alternative »Klerikalismus – Antiklerikalismus« wollte er uns nur durch das Beispiel seiner Erfahrung eine Lehre vermitteln. Das heißt, er gab uns zu verstehen, dass es sehr schwer ist, die Schemata zu zerbrechen, die sich in der Jugend gebildet haben. »Müssen Sie dann also nach Italien zurückkehren?«, fragte ich, weil ich an die Aufgabe dachte, die ihm Don Juan gestellt hatte. »Nein! Das ist nicht mehr nötig«, antwortete er. »Seit alldem ist viel Zeit vergangen.« In Bezug auf Europa hatte Castaneda sehr entschiedene Ansichten. »Dort gibt es nichts«, behauptete er. »Europa ist erledigt; alles ist tot. Man merkt es sogar an der Landschaft. Die Alpen sind mit

Colorado nicht zu vergleichen! Europa fehlt die Kraft, die Amerika im Überfluss besitzt.« Besonders hart urteilte er über Italien. »Die Landschaft ist eine Miniatur. Alles ist dort so hübsch geordnet und zivilisiert. Ein Hügelchen hier, ein Häuschen dort. Keine Kraft! In Italien ist man Kommunist oder Katholik. Etwas anderes gibt es nicht.«

Seine Worte ließen uns begreifen, dass es in Europa nur alte Ideologien, Dichotomien aus anderen Epochen gibt. Castaneda dagegen bewegt sich auf einer ganz anderen Ebene als der der Politik oder der Religionen. In seinem Universum haben die traditionellen Anschauungen und Urteile keinen Platz.

Der Abschied

Kurz bevor wir den Campus betraten, wandte sich Castaneda mir zu, nahm mich am Unterarm und an den Händen und sagte: »Señora, Sie wissen nicht, wie dankbar ich Ihnen dafür bin, dass Sie mich mit Ihren Freunden bekannt gemacht haben.« Er sprach mit großem Nachdruck und seine Worte rührten mich. Ich muss dazu sagen: Er dankte mir dafür, dass ich mich als Vermittlerin, als Brücke zwischen meinen Freunden und ihm, bewährt hatte.

Als wir auf dem Parkplatz angekommen waren, verabschiedeten wir uns freundlich und trennten uns. Castaneda ging bis zur Ecke und verschwand unter den hohen Büschen der Straße. Es war etwa elf Uhr abends. Wir stiegen in den Wagen und traten die Rückfahrt an. Die zwei Stunden vergingen rasch. Wir waren sehr beeindruckt, und die Zeit war zu kurz, als dass wir einander alles hätten sagen können, was die Begegnung in uns wachgerufen hatte.

Castaneda hatte an diesem Nachmittag und Abend große Sorgfalt darauf verwandt, zwischen dem, was er selbst an sich erfahren hatte und zu erleben imstande war, und dem, was die anderen sagen und tun, zu unterscheiden. Er sagte uns, dass er siebzehn Jahre mit der Aufgabe zu lernen verbracht hatte. Während dieser ganzen Zeit gab es Dinge, die er selbst erleben und überprüfen konnte, andere, die er noch lernt, und wieder andere, die er noch nicht in sein Leben übernommen hat. So konnte er zum Beispiel die toltekische Art zu essen und zu schlafen an sich selbst erfahren. Auch die Kunst des Träumens hat er integriert, obwohl er noch La Gordas Hilfe braucht. Bezüglich der anderen Phänomene wollte er offensichtlich nicht viel sagen, und mehr als einmal musste er gestehen, dass es Dinge gibt, die er nicht versteht. Mehr noch, es gibt viele Dinge, von denen er nicht glaubt, dass es ihm jemals gelingen wird, sie zu verstehen. Dennoch vertraut Castaneda auf Don Juan und seine Lehre. Er vertraut auf das, was er nicht versteht und nicht erklären konnte. Immer wieder hat ihm Don Juan bewiesen, dass die Tolteken Recht hatten, und deshalb vertraut er darauf, dass sie auch bis zum Ende Recht haben müssen. Die Erinnerung an diesen Nachmittag und Abend ist mir geblieben wie ein klar gezeichnetes Bild, in dem die faszinierende Gestalt Castanedas den ganzen Raum einnimmt. Alle Phantasmagorien und Wunder seiner Bücher – wie Octavio Paz sagt –, die ich so oft angezweifelt und mit einem gewissen Widerwillen als eine unnötige Zurschaustellung des Phänomens betrachtet hatte, wurden vollkommen glaubhaft und möglich nach der Begegnung mit Castaneda.

Jenseits der Künstlichkeit der Tatsachen, die er erzählt, entdeckt man die grundlegende Wahrheit seiner Behauptungen. Letzten Endes – was gibt es Schwierigeres als den ganzen Tag Hamburger zu braten wie Joe Córdoba, mit den Augen voll Rauch?

Teil II

Du Lebst Nur Zweimal

Einführung des Herausgebers

In den Jahren nach der Begegnung mit Graciela Corvalán ergaben sich für Castaneda und seine Mitschüler große Veränderungen. La Gorda, Castanedas alte Lehrerin, starb und sie verließ diese Welt auf dieselbe Weise, wie Don Juan es etwa zehn Jahre zuvor getan hatte. Nun war Castaneda der neue Nagual, der Anführer einer Gruppe von Zauberern.

Kurz darauf tauchte Carol Tiggs, Castanedas energetisches Gegenstück, die die Welt im Jahr 1974 zusammen mit Don Juan verlassen hatte, plötzlich wieder auf – etwas Unerhörtes, für das es selbst in der Welt der Zauberer kein Vorbild gab. Castaneda und seine Gefährtinnen fassten dies als ein Zeichen auf, als ein Signal, das ihnen gebot, die Lehren Don Juans und der Tolteken nun ganz einer breiten Öffentlichkeit zur Verfügung zu stellen – eine Auffassung, die unter anderem die Veröffentlichung der Bücher von Florinda Donner-Grau und Taisha Abelar zur Folge hatte.

Wie seine Gefährtinnen begann Castaneda öffentlich aufzutreten, und zwar mit einer Vortragsreihe im *Phoenix Bookstore* in Santa Monica, Kalifornien – an eben dem Ort, an dem er Carol Tiggs nach ihrer mehr als zehnjährigen Abwesenheit erstaunlicherweise wiedergefunden hatte. Auszüge aus den legendären *Phoenix Bookstore Lectures* bilden so auch den Kern von Bruce Wagners »Du lebst nur zweimal«.

Ganz nach Hollywood-Manier rückt Bruce Wagner seinen Protagonisten Carlos Castaneda immer wieder ins Rampenlicht und lässt ihn sprechen, bis dieser ein bestimmtes Thema abgehandelt hat. Dann kommt ein Schnitt... und es folgen Passagen, in denen Wagner selbst mit allen Akteuren – Castaneda, Donner-Grau, Abelar und Tiggs – in Beziehung tritt oder über das gerade Erlebte nachsinnt. Auf diese Weise schafft er einen Spannungsbogen, der den Leser mitreißt und unmittelbar an der Handlung teilhaben lässt.

Dabei ist »Du lebst nur zweimal« nicht nur spannend, sondern auch überaus unterhaltsam. Lehnen Sie sich in Ihrem Kinosessel zurück und genießen Sie einen Ausflug in die Welt des Films, in die Vorstädte von Los Angeles sowie in das Aktionstheater der Zauberei. Vorhang auf für eine Vorstellung der Extraklasse!

Du lebst nur zweimal

Gespräche mit den Erben des Don Juan
von Bruce Wagner

Carlos Castaneda lebt nicht mehr hier. Nach einem Leben in eiserner Disziplin, Jahrzehnten des Kriegertums, ist er dem Schmierentheater des Alltags endlich entkommen. Er ist eine leere Hülle, ein Sprachrohr, ein Geschichten- und Märchenerzähler; vielleicht nicht mal mehr ein Mensch, sondern ein Wesen, das keine Bindungen mehr zu der uns bekannten Welt aufrechterhält. Er ist der letzte Nagual, der Schlussakkord einer jahrhundertealten Linie von Zauberern, deren Triumph es war, die »Übereinkunft« der normalen Realität zu zerbrechen. Mit dem Erscheinen seines neunten Buchs, *Die Kunst des Träumens*, ist er – wenn auch nur für einen Moment und auf seine ganz eigene Art – aus der Zurückgezogenheit aufgetaucht.

Common Sense tötet

Mein Name ist Carlos Castaneda.
Ich würde euch heute gern um etwas bitten. Ich bitte euch darum, euch des Urteils zu enthalten. Bitte, kommt mir nicht mit eurem *Common Sense*. Wann immer die Leute herausfinden, dass ich öffentlich sprechen werde, kommen sie – ob sie nun

zuhören wollen oder nicht – um Castaneda zu *diskutieren*. Um mich zu *verletzen*. »Ich habe deine Bücher gelesen und finde sie kindisch.« »Deine letzten Bücher sind alle *langweilig*.« Kommt mir nicht auf diese Tour. Es ist zwecklos. Ich bitte euch heute darum, euch – nur für eine Stunde – der Möglichkeit zu öffnen, die ich euch präsentieren werde. Und hört mir nicht wie Studenten höheren Semesters zu. Ich habe schon zu Studenten höheren Semesters gesprochen: Sie sind tot und arrogant. *Common Sense* und Idealisierungen sind es, die uns töten. Wir klammern uns mit unseren Zähnen an ihnen fest – das ist der »Affe«.
So hat Don Juan Matus uns immer genannt: geisteskranke Affen.
Dreißig Jahre lang bin ich nicht verfügbar gewesen. Ich gehe nicht auf die Leute zu und rede mit ihnen. Aber jetzt, für einen Moment, bin ich hier. Einen Monat lang, vielleicht auch zwei ... und dann verschwinde ich wieder. Wir leben nicht abgekapselt, zumindest nicht jetzt. Wir können ohnehin nicht so leben. Wir haben die Pflicht, denen etwas zurückzuzahlen, die all die Mühen auf sich nahmen, uns bestimmte Dinge zu zeigen. Wir haben dieses Wissen geerbt; Don Juan sagte uns, dass wir es nicht verteidigen sollen. Wir wollen, dass ihr erkennt, dass es seltsame pragmatische Möglichkeiten gibt, die nicht außerhalb eurer Reichweite liegen. Ich empfinde eine geradezu exotische Freude, während ich einen solchen Flug beobachte – purer »Esoteri-

zismus«! Und er ist *nur für meine Augen* bestimmt. Ich bin nicht bedürftig; ich brauche gar nichts. Ich brauche euch so dringend wie ein Loch in meinem Kopf. Aber ich bin ein Raumfahrer, ein Reisender. Ich navigiere – da draußen. Und ich würde anderen gern die Möglichkeit dazu eröffnen.

Der Weg hinaus

Der Navigator hat zu Gruppen in San Francisco und Los Angeles gesprochen und seine Gefährtinnen – Florinda Donner-Grau, Taisha Abelar und Carol Tiggs – haben Seminare (»Das Träumen der Tolteken – Das Vermächtnis des Don Juan«) in Arizona, auf Maui, Hawaii, und am Esalen-Institut in Kalifornien abgehalten. In den letzten Jahren sind Bücher von Donner-Grau und Abelar (in denen sie über Castaneda und über ihre Lehrzeit bei Don Juan Matus berichten) auf dem Markt erschienen: *Der Pfad des Träumens* und *Die Zauberin*. Ihre Beiträge sind eine Art phänomenologisches Urgestein, echte Chroniken ihrer Initiation und ihrer Ausbildung. Sie sind auch ein unverhofftes Geschenk, denn nie zuvor hatten Castaneda-Leser Zugang zu solch unmittelbaren Bestätigungen seiner Erfahrungen. (»Die Frauen tragen die Verantwortung«, sagt er. »Es ist ihr *Spiel*. Ich bin nur ihr Chauffeur.«) Donner-Grau beschreibt den allgemeinen Konsens der Werke als »Intersubjektivität unter Zauberern«; jedes von ihnen ist wie eine individuelle Straßenkarte derselben Stadt. Darüber hinaus sind die Bücher »energetische« Lockmittel, ein deutlich vernehmbarer Aufruf zur Freiheit, begründet in einer einzigen, atemberaubenden Prämisse: *Wir müssen die Verantwortung für die unbestrittene Tatsache übernehmen, dass wir Wesen sind, die sterben werden.*

Man ist überwältigt von der Stichhaltigkeit ihrer Argumentation, und das nicht ohne Grund. Die Spieler – alle Doktoren der Anthropologischen Fakultät der *University of California*, Los Angeles (*UCLA*) – sind überragende Methodologen, deren akademische Disziplin sie seltsamerweise tatsächlich dazu befähigt, jene magische Welt zu beschreiben, die sie präsentieren: eine Energiekonfiguration, die *die zweite Aufmerksamkeit* genannt wird.

Und das ist kein Ort für den ängstlichen New-Age-Anhänger.

Der Stein des Anstoßes

Ich führe kein Doppelleben. Ich lebe nur *dieses* Leben: Es gibt da keine Kluft zwischen dem, was ich sage, und dem, was ich tue. Ich bin nicht hier, um euch an der Nase herumzuführen, und auch nicht, um euch zu unterhalten. Worüber ich heute reden werde, sind *nicht* meine Ansichten – es sind die von Don Juan Matus, dem mexikanischen Indianer, der mir jene andere Welt gezeigt hat. Seid also nicht beleidigt! Juan Matus übergab mir ein Arbeitssystem, das auf siebenundzwanzig Generationen von Zauberern zurückgeht. Ohne ihn wäre ich heute ein alter Mann, der, ein Buch unter dem Arm, mit den Studenten über den Campus spazieren geht. Seht, wir lassen uns gewöhnlich immer ein derartiges Hintertürchen offen, und das ist es, warum wir nicht springen. »Wenn alles andere schief geht, kann ich ja immer noch Anthropologie unterrichten.« Wenn wir so denken, sind wir bereits Verlierer in typischen Verlierer-Szenarien. »Ich bin Dr. Castaneda – und das ist mein Buch *Die Lehren des Don Juan*. Wussten Sie, dass es schon eine Taschenbuchausgabe davon gibt?« Auf diese Weise würde ich der »Ein-Buch-Mann« sein – das ausgebrannte Genie. »Wussten Sie, dass es bereits die zwölfte Auflage ist? Es ist gerade erst ins Russische übersetzt worden.« Oder vielleicht würde ich gerade deinen Wagen einparken und Platitüden von mir geben: »Es ist heiß ... es ist schön, aber es ist zu heiß. Es ist kalt ... es ist schön, aber es ist zu kalt. Wir sollten in den Süden fahren ...«

Aktionstheater der Zauberei

Im Jahre 1960 studierte Castaneda Anthropologie an der *UCLA* in Kalifornien. Während er in Arizona nach medizinischen Eigenschaften bestimmter Pflanzen forschte, begegnete er einem Yaqui-Indianer, der sich bereit erklärte, ihm zu helfen. Der junge Feldforscher bot fünf Dollar pro Stunde für die Dienste von Don Juan Matus, seinem pittoresken Wegführer. Doch der Platzanweiser lehnte ab. Castaneda hatte keine Ahnung, dass der alte Bauer in staubigen Sandalen ein Meisterzauberer, ein Nagual war, der ihn kunstvoll als weiteren Akteur in den Mythos der Energie mit einbezog (Abelar nennt es »das Aktionstheater der Zauberei«). Als Lohn für seine Dienste verlangte Don Juan etwas ganz anderes: Castanedas »ungeteilte Aufmerksamkeit«.

Das erstaunliche Buch, das aus dieser Begegnung entstand, *Die Lehren des Don Juan. Ein Yaqui-Weg des Wissens*, wurde unvermittelt zum Klassiker, der auf elegante Weise die Pforten der Wahrnehmung aus ihren Angeln hob und eine ganze Generation elektrisierte. Seitdem fuhr er damit fort, die einzelnen Schichten der Zwiebel zu entfernen, indem er immer wieder neue Protokolle seiner Erfahrungen und meisterhafte Erklärungen jener ungewöhnlichen Realitäten hinzufügte, die unsere Vorstellungen von uns selbst untergraben und das Ich zum Verschwinden bringen. In diesem Sinne könnte man sein Gesamtwerk auch pauschal mit dem Titel *Das Verschwinden des Carlos Castaneda* versehen.

»Wir müssen ein anderes Wort für *Zauberei* finden«, sagt er, »der Begriff ist zu düster. Wir assoziieren mit ihm vor allem mittelalterliche Absurditäten: *Rituale, das Böse*. Ich bevorzuge Begriffe wie ›Kriegertum‹ oder ›Navigation‹. Denn das ist es, was Zauberer tun – sie navigieren.«

Er hat geschrieben, dass »das direkte Wahrnehmen von Energie« eine Arbeitsdefinition der Zauberei sei. Die Zauberer *sahen*, dass das Wesen des Universums einer Energiematrix gleicht, die von leuchtenden Strängen des Bewusstseins durchzogen wird, die die eigentliche Bewusstheit darstellen. Diese Stränge formen »Zöpfe«, die allumfassende Welten enthalten, jede so real wie diese – unsere ist nur eine von unendlich vielen Welten. Die Zauberer nennen die Welt, die wir kennen, »das menschliche Band« oder auch »die erste Aufmerksamkeit«.

Sie *sahen* auch das Wesen der menschlichen Form. Diese war weniger ein affenähnliches Bündel von Haut und Knochen, sondern eine eiförmige leuchtende Kugel, die die Fähigkeit besitzt, entlang diesen hell leuchtenden Strängen zu anderen Welten zu reisen. Aber, was hält uns dann zurück? Nach Ansicht der Zauberer werden wir durch unsere Sozialisation eingekerkert, indem wir in die Wahrnehmung hineingetrickst werden, dass die Welt ein Platz fester Objekte und endgültiger Realitäten sei. Wir verleugnen unsere wahre Natur als magische Wesen bis zu dem Tag, an dem wir sterben; wir sind darauf programmiert, unserem Ego anstelle des Geistes zu dienen. Und noch bevor wir uns versehen, ist die Schlacht vorüber – wir sterben, elendiglich an unser Ego gekettet. Don Juan machte einen faszinierenden Vorschlag: Was würde geschehen, wenn Castaneda seine Truppen neu formierte? Wenn er die Energie freisetzte, die er sonst ständig in die Rituale von Balz und Paarung investierte? Wenn er seine eigene Wichtigkeit einschränkte und von der »Verteidigung, Aufrechterhaltung und Präsentation« des Ego Abstand nehmen würde? Wenn er einfach aufhörte, sich darum zu sorgen, ob er gemocht, anerkannt oder bewundert wurde? Konnte er genug Energie freisetzen, um den Spalt zwischen den Welten wahrzunehmen? Und wenn es ihm gelang, würde er hindurchgehen können? Der alte Indianer hatte ihn an die »Absicht« der Welt der Zauberer *angekoppelt*.

Aber, was tut Castaneda eigentlich tagsüber? Er spricht zu den verrückten Affen. Zumindest zurzeit – in Privathaushalten, Ballettstudios und Buchhandlungen. Und so pilgern sie aus aller Welt zu ihm: Ikonen des Neuen Bewusstseins aus Vergangenheit, Gegenwart und Zukunft, Energie-Groupies, Nervenärzte und Schamanen, Anwälte, Trittbrettfahrer, Trommler und luzide Träumer, Bilderstürmer, Schüler, VIPs und Verführer, Channeler, Meditierer und Mogule, sogar Liebhaber und Kumpane »aus einem früheren Leben vor mehr als 10 000 Jahren«. Auch überspannte Notitzenmacher kommen, Junior-Naguals in der Mache. Manche werden später Bücher über ihn schreiben, andere nur Kapitel. Wieder andere werden Seminare geben – gegen Bezahlung, versteht sich. »Sie kommen und hören ein paar Stunden lang zu«, sagt er, »und bereits am nächsten Wochenende halten sie selbst Vorträge über Castaneda! *Das* ist der Affe.« So steht er jedes Mal stundenlang vor solchen Leuten und lockt und ermahnt deren »Energiekörper«, und der Effekt ist heiß und kalt zugleich, wie Trockeneis. Mit numinoser Finesse zieht er drastische Erzählungen der Freiheit und der Kraft wie Tauben aus einem leeren Zylinder – bewegend, elegant, obszön, urkomisch, erschreckend und geradezu chirurgisch präzise. »*Fragt mich, was immer ihr wollt!*«, lautet seine flehende Bitte. »*Was würdet ihr gern wissen?*«

Warum haben sich Castaneda & Co. selbst erreichbar gemacht? Und warum gerade jetzt? Was bringt es *ihnen*?

Die gigantische Tür

Da ist eine Frau, die ins Unbekannte geht und darauf wartet, dass wir uns ihr anschließen. Sie heißt Carol Tiggs – mein Gegenstück. Sie war ursprünglich mit uns zusammen, doch dann verschwand sie. Sie war zehn Jahre lang fort. Wohin sie ging, ist unbegreiflich. Es bringt nichts, rational darüber nachzudenken. Also bitte, enthaltet euch des Urteils! Wir sollten uns einen Sticker zulegen, auf dem steht: Common Sense TÖTET.

Carol Tiggs ging einfach weg. Und sie lebte nicht in den Bergen von New Mexico, das versichere ich euch. Während ich eines Tages eine Lesung im *Phoenix Bookstore*, Santa Monica, hielt, materialisierte sie sich einfach wieder. Mein Herz sprang mir beinahe aus der Brust – bum, bum, bum! Aber ich redete einfach weiter. Ich redete zwei Stunden ununterbrochen, ohne jede Ahnung, was ich eigentlich sagte. Dann nahm ich sie mit nach draußen und fragte sie, wo sie gewesen sei – zehn Jahre lang! Sie tat geheimnisvoll und begann zu schwitzen. Sie hatte nur bruchstückhafte Erinnerungen. Aber sie machte Witze darüber.

Das Wiederauftauchen von Carol Tiggs öffnete eine gigantische Tür – im energetischen Sinne –, durch die wir hindurchgehen können. Da ist ein gewaltiger Eingang, mit dessen Hilfe ich euch an die Absicht der Zauberei ankoppeln kann. Ihre Rückkehr gab uns einen neuen Ring der Kraft; sie brachte eine ungeheure Menge Energie mit, die es uns nun gestattet, an die Öffentlichkeit zu treten. Das ist der Grund, warum wir gerade jetzt erreichbar sind. Auf einem Seminar wurde einmal irgendjemand Carol Tiggs vorgestellt. Er sagte: »Aber du siehst so normal aus!« Carol Tiggs antwortete: »Was hast du erwartet? Dass Blitze aus meinen Titten schießen?«

Die Huren der Wahrnehmung

Wer ist Carlos Castaneda, und – hat er überhaupt ein Leben?

Inzwischen schreiben wir das Jahr 1994: Warum bringt er die Sache nicht hinter sich? Warum verrät er uns nicht endlich sein Alter und lässt Avendon ein Foto von sich machen. Hat ihm niemand gesagt, dass es heute kein Privatleben mehr gibt? Dass die Offenbarung schmutziger kleiner Details das Ansehen nicht länger schmälert? Als Lohn für unsere *ungeteilte Aufmerksamkeit* sollte er uns endlich aufklären. Da gibt es Dinge, die man einfach wissen will: weltliche, persönliche Dinge. Wie etwa: Wo lebt er? Was hält er von Frank Sinatras *Duets*? Was hat er mit den gewaltigen Einnahmen aus seinen Büchern gemacht? Fährt er einen Turbo Bentley, wie es all die großen alten Babas tun? War es wirklich er, den man jüngst zusammen mit Michael Jordan und Edmund White in *Barneys* gesehen hat?

Schon seit Jahren versuchen sie ihn so festzunageln. Sie haben sogar versucht, sein Gesicht nach Erinnerungen alter Kollegen und Angaben dubioser Bekannter zu rekonstruieren – das absurde Ergebnis sieht wie das Phantombild eines gutmütig dreinschauenden Olmekenkopfes für *Readers Digest* aus. In den 70er Jahren des letzten Jahrhunderts erschien auf der Titelseite des *Time*-Magazins ein Foto (auf dem nur die Augen deutlich sichtbar waren) – dann stellte sich allerdings heraus, dass die Vorlage eine Fälschung war, und das haben sie ihm nie verziehen.

Ungefähr zur selben Zeit, in der Paul McCartney fälschlicherweise für tot erklärt wurde, verdichteten sich die Vermutungen in der Gerüchteküche: Carlos Castaneda sei in Wirklichkeit Margaret Mead.

Sein Agent und seine Anwälte sind Vollzeit-Bollwerke gegen die dreisten Angriffe von Leuten, die Leserbriefe schreiben, und von Verrückten; von spirituellen Tiefffliegern, New-Age-Freaks und Suchern; von Künstlern, die sein Werk bearbeiten wollen – berühmte und unbekannte, mit oder ohne Erlaubnis –, und natürlich gehen sie gegen gefälschte Seminare vor, die von perfekten Carlos-Imitatoren geleitet werden.

Nach dreißig Jahren ist immer noch kein Kopfgeld auf ihn ausgesetzt worden. Er hat kein Interesse an Gurus oder »Guruismus«; es wird keine Turbo Bentleys geben, keine Ranch mit turbantragenden Anhängern und keine herausgeberischen Gastauftritte im *Vogue*. Es wird auch kein Castaneda-Institut geben, kein Zentrum für Fortgeschrittene Zauberei-Studien, keine Akademie des Träumens – keine Kaffeefahrten mit Pilzen und auch keinen Tantra-Sex. Es wird keine Biographien und keine Skandale geben. Wenn er zu einem Vortrag eingeladen wird, verlangt Castaneda dafür kein Honorar und bietet stets an, die Reisekosten selbst zu tragen. Der Eintrittspreis beläuft sich gewöhnlich auf ein paar Dollar, gerade genug, um die Miete des Veranstaltungsraums zu zahlen. Und alles, was er den Besuchern seiner Vorträge abverlangt, ist ihre ungeteilte Aufmerksamkeit.

»Die Freiheit ist frei«, sagt er. »Man kann sie nicht kaufen oder verstehen. Mit meinen Büchern habe ich versucht, eine Möglichkeit zu präsentieren: dass Bewusstheit als *Medium* für Bewegung und physischen Transport genutzt werden kann. Ich war leider nicht besonders überzeugend: Die meisten denken immer noch, ich schriebe *Romane*. Wenn ich groß wäre und gut aussehen würde, lägen die Dinge vielleicht anders – dann würden sie Big Daddy schon zuhören. Viele Leute sagen: ›Du lügst.‹ Aber, wie könnte ich lügen? Man lügt doch nur, um etwas zu *bekommen*, um zu manipulieren. Ich will nichts von niemandem – nur *Konsens*. Wir hätten gern, dass ein Konsens darüber besteht, dass neben unserer auch noch andere Welten existieren. Wenn ein Konsens darüber besteht, dass man Flügel wachsen lässt, so wird der Flug auch stattfinden. Mit dem Konsens kommt die *Masse*, und wo die Masse ist, da *wird* auch eine Bewegung sein.«

Castaneda und seine Verbündeten sind die energetischen Radikale von dem, was gut und gern die einzig bedeutsame Revolution unserer Zeit sein mag: Sie bedeutet nichts weniger als die Transformation des biologischen in einen evolutionären Imperativ. Denn da, wo die herrschende soziale Ordnung Fortpflanzung als Ziel vorschreibt, zielt die furchtlose Ordnung der Zauberer (die allesamt energetische Piraten sind) auf etwas sozusagen weniger Irdisches. Ihre erstaunliche und abenteuerliche Absicht ist es, die Erde auf dieselbe Weise zu verlassen, wie Don Juan es zwanzig Jahre zuvor getan hat: als reine Energie, als intakte Bewusstheit. Zauberer nennen diesen Salto »den abstrakten Flug«.

Der großartige Affe

In meiner Jugend vergötterte ich Alan Watts. Nachdem ich »Carlos Castaneda« geworden war, bekam ich Zutritt und besuchte ihn. Er jagte mir einen gehörigen Schrecken ein. Er war *nicht*, was er vorgab zu sein – er wollte, dass ich mit ihm ins Bett ging. Ich sagte: »Halt mal Alan, was soll das werden?« »Aber Carlos«, erwiderte er, »siehst du denn die Schönheit nicht? Dass ich fähig bin, die Vollkommenheit zu verstehen und es dennoch nicht schaffe, an meine Überzeugungen heranzureichen? Ich bin unvollkommen, aber die Schwäche zu umarmen bedeutet doch letztlich menschlich zu sein.« Das ist Bockmist. Ich sagte: »Ich kenne Leute, die das Gegenteil behaupten: Sie *tun*, was sie *sagen*. Und sie leben, um zu beweisen, dass wir sublime Wesen sind.«

Und dann war da noch diese Frau, eine große Nummer in Sachen Spiritualität. Millionen Dollar gehen durch ihre Hände; immerhin ist sie ja auch schon zwanzig Jahre lang im Geschäft. Ich besuchte sie also in irgendjemands Haus, wo sie gerade dabei war, einem Mann die Eier zu kraulen – direkt vor meinen Augen. Machte sie das, um mich zu beeindrucken? Mich zu schockieren? Man kann mich nicht schockieren. Später stellte ich sie dann in der Küche zur Rede. Ich fragte sie: »Was sagst du zu dir selbst, mitten in der Nacht, wenn du allein bist?« Don Juan hatte mir diese Frage des Öfteren gestellt. »Was sagst du, wenn du allein bist und in den Spiegel schaust?« »Ah, Carlos«, antwortete sie, »das ist das Geheimnis. Nie allein zu sein.« Ist das wirklich das Geheimnis? Nie allein zu sein? Wie furchtbar. Das ist ein beschissenes Geheimnis.

Dieser Yaqui-Zauberer verlangte von mir, dass ich drei Tage lang mein Urteil aufschieben sollte – drei Tage lang zu glauben, dass menschlich zu sein nicht bedeute, schwach zu sein, sondern sublim zu sein. Beides ist wahr, selbstverständlich ... aber es ist doch um vieles kraftvoller, sublim zu sein! Der Affe ist geisteskrank, aber auch großartig. Don Juan war selbst ein verdammter Affe, aber er war auch ein makelloser Krieger. Er hat die Welt verlassen, unversehrt. Er *wurde* Energie; er verbrannte am Feuer von Innen.

Er pflegte zu sagen: »Ich wurde als Hund geboren, aber ich muss nicht unbedingt wie einer sterben. Willst du so leben wie dein Vater?« Das fragte er mich. »Willst du so sterben wie dein *Großvater*?« Und dann kam die entscheidende Frage: »Was gedenkst du zu tun, um zu vermeiden, dass du auf diese Weise stirbst?« Ich antwortete nicht – ich brauchte gar nicht zu antworten. Die Antwort war: »Nichts.« Ein entsetzlicher Moment. Wie mich diese Vorstellung quälte!

Kritische Masse

Ich traf mich mit Castaneda und »den Hexen« in einer Woche in Restaurants, Hotelzimmern und Kaufhallen. Sie sind attraktiv und von einer vibrierenden Jugend. Die Frauen kleiden sich unauffällig und mit einem Anflug von zwanglosem Chic. Man würde sie in einer Menschenmenge nicht ausmachen können, und das ist es, was zählt.

Ich überflog eine Ausgabe des *New Yorkers*, während ich vor dem Café des *Regent Beverly Wilshire Hotels* stand. Die Werbeanzeige für »Drambui« fand ich diesmal besonders scheußlich: *Egal, wie sehr wir uns auch anstrengen, auf die eine oder andere Weise werden wir doch eines Tages genau wie unsere Eltern. Statt sich gegen diese Ahnung zu wehren, laden wir Sie ein, diesen Übergangsritus mit einem außergewöhnlichen Weinbrand zu feiern ...* Don Juan lachte in seinem Grab – oder aus ihm *heraus*, was in meinem Kopf einen wahren Ansturm von Fragen verursachte: Wo war er überhaupt? Am gleichen Ort, von dem Carol Tiggs zurückgekehrt war? Und wenn dem so war, könnte das bedeuten, dass auch der alte Nagual zu einer solchen Rückkehr fähig sei? In *Das Feuer von Innen* schrieb Castaneda, dass Don Juan und seine

Gruppe irgendwann im Jahre 1973 verschwunden waren: wie die vierzehn Navigatoren zuvor, gingen auch sie in die »zweite Aufmerksamkeit«. Aber, was genau *war* diese zweite Aufmerksamkeit? Alles war mir doch so klar erschienen, als ich die Bücher gelesen hatte. Ich suchte nach meinen Notizen. Irgendwo an den Rand einer Seite hatte ich »zweite Aufmerksamkeit = gesteigerte Bewusstheit« gekritzelt, aber auch das half mir nicht weiter. Ich blätterte durch *Die Kraft der Stille, Die Kunst des Pirschens* und *Die Reise nach Ixtlan.* Und obgleich ich vieles darin nicht verstand, so waren die Grundlagen doch gründlich und zusammenhängend beschrieben. Warum nur konnte ich nichts davon im Kopf behalten? Ich versagte bereits beim Zauberer-Einmaleins.

Ich bestellte mir einen Cappuccino und wartete. Meine Gedanken irrten ziellos umher. Ich dachte an Donner-Grau und die japanischen Makaken. Als wir wegen des Termins für ein Interview telefonierten, hatte sie Imo erwähnt. Jeder Anthropologiestudent kennt die Geschichte von Imo, dem berühmten Makaken-Weibchen. Eines Tages wusch Imo eine Süßkartoffel, bevor sie sie aß, und bereits nach kurzer Zeit folgten alle Makaken der Insel ihrem Beispiel. Anthropologen mögen dies »kulturelles Verhalten« nennen, aber Donner-Grau meinte, dass dies ein wunderbares Beispiel für eine »kritische Masse« sei – ein Fall von Affen-Intersubjektivität.

Endlich erschien Castaneda. Er grinste breit, schüttelte mir die Hand und setzte sich. Ich wollte gerade die Geschichte der Makaken zur Sprache bringen, als er zu weinen begann. Seine Stirn legte sich in Falten, sein ganzer

Körper verkrampfte sich in einer Wehklage. Schon bald begann er nach Luft zu ringen, wie ein Soldat, den man vom Panzer gestoßen hat. Seine Unterlippe bebte unkontrolliert, feucht und elektrisiert. Er streckte seinen Arm nach mir aus, seine Hand fest geschlossen und zitternd – dann öffnete sie sich langsam, wie die fleischfressende Pflanze aus *Little Shop of Horrors*, als ob sie bereit sei, Almosen zu empfangen.

»*Bitte!*« Seine Gesichtsmuskulatur verkündete einen brüchigen Waffenstillstand, nur um die Worte hervorzustoßen. Er hielt in einem bedürftigen Flehen auf mich zu: »Bitte, liebe mich!«

Castaneda schluchzte wie ein großer zerbrochener Hydrant, der kurz vorm Ersticken steht; sein Umschlag ins Lächerliche erfolgte mühelos, während er sich in ein obszönes weinendes *Etwas* verwandelte. »Das ist's, was wir sind: *Affen mit Sammelbüchsen*. So *routiniert*, so schwach. Masturbatorisch. Wir *sind* sublim, aber der geisteskranke Affe hat nicht genug *Energie*, das zu erkennen – und so behält das Gehirn des Biestes die Oberhand. Wir können unser Fenster der Möglichkeiten, unseren ›Kubikzentimeter Chance‹ nicht greifen. Wie auch? Wir sind viel zu sehr damit beschäftigt, uns an Mammis Hand festzuhalten. Während wir darüber nachsinnen, wie *wundervoll*, *sensibel* und *einzigartig* wir sind. Wir sind aber nicht einzigartig! Die Drehbücher für unsere Leben wurden allesamt schon geschrieben«, sagte er mit einem unheilschwangeren Grinsen, »von anderen. Wir wissen das ... aber wir kümmern uns nicht weiter drum. *Scheiß drauf*, sagen wir. Wir sind vollendete Zyniker. *Coño! Carajo!*

Das ist's, wie wir leben! In einer Gosse voll mit warmer Scheiße. *Was haben sie uns nur angetan?* Das ist's, was Don Juan zu sagen pflegte. Er pflegte mich zu fragen: ›Wie geht's der Mohrrübe?‹ ›Was meinst du?‹ ›Die Mohrrübe, die sie dir in den Arsch geschoben haben.‹ Ich war fürchterlich beleidigt; mit mir konnte er seine Späße ja treiben! In dem Moment, wo ich dies dachte, sagte er: ›Sei dankbar, sie haben bislang noch keine Kurbel daran befestigt.‹«

»Aber, wenn wir die Wahl haben, warum bleiben wir dann in der Gosse?«

»Die Scheiße ist zu angenehm warm. Wir wollen sie nicht verlassen – wir *hassen* es, Lebewohl zu sagen. Und wir sorgen uns – *oh ja*, und wie wir uns sorgen – sechsundzwanzig Stunden am Tag! Und was, glaubst Du, ist es, worüber wir uns sorgen?« Er grinste schon wieder, diesmal wie die Katze aus *Alice im Wunderland*. »Über *mich!* Was ist mit *mir?* Was ist drin für *mich?* Was geschieht mit *mir?* Was für eine Egomanie! *Schrecklich.* Aber auch faszinierend!«

Ich sagte ihm, dass mir seine Sicht zu hart erschien, und er lachte. »Ja«, sagte er in dem lächerlich verstopften, aburteilenden Ton eines Akademikers. »Castaneda ist ein verbitterter, verrückter alter Mann.« Seine Karikaturen waren wirklich drollig, aber auch grausam treffend.

»Der gierige Affe greift durch ein enges Gitter nach einem Samen und kann die Hand nicht zurückziehen, da er seine Kontrolle nicht aufgeben kann. Es gibt da Studien: Nichts kann ihn dazu bringen, den Samen fallen zu lassen. Die Hand wird sich selbst dann noch fest daran klammern, wenn der Arm abgehackt wurde – wir sterben, uns an *mierda* klammernd. Aber warum? *Ist das bereits alles, was da ist* – wie Miss Peggy Lee gesagt hat? Das kann nicht sein, das wäre zu furchtbar. Wir müssen einfach lernen loszulassen. Wir sammeln Erinnerungen und kleben sie in Bücher ein – zehn Jahre alte Eintrittskarten irgendeiner Broadway-Show. Wir sterben, an ein Souvenir geklammert. Ein Zauberer zu sein bedeutet, genug Energie, Neugierde und den Mumm zum Loslassen zu haben, um den Salto ins Unbekannte zu wagen – alles, was man dazu braucht, ist einiges an Umordnung, Neudefinition. *Wir müssen uns selbst als Wesen sehen, die sterben werden.* Und wenn du das einmal akzeptiert hast, öffnen sich ganze *Welten* für dich. Aber um diese Definition wirklich anzunehmen, brauchst du schon ›Eier aus Stahl‹.«

Das natürliche Erbe der empfindenden Wesen

Wenn ihr »Berg« oder »Baum« oder »Weißes Haus« sagt, beschwört ihr damit ein Universum herauf, das zwar aus Details besteht, aber in einer einzigen Äußerung hervortritt; das ist Magie. Seht, wir sind *visuelle* Kreaturen. Ihr könntet das Weiße Haus ablecken – es riechen, es berühren – und es würde euch gar nichts sagen. Aber schon ein Blick genügt und ihr wisst alles, was es zu wissen gibt: die »Wiege der Demokratie« und was sonst noch. Ihr braucht erst gar nicht hinzusehen und doch seht ihr Clinton schon drinnen sitzen, Nixon auf seinen

Knien beten – was auch immer. Unsere Welt ist eine Verklebung von Details, eine Lawine von Glossen – wir nehmen nicht wahr, wir interpretieren nur. Und unser Interpretationsystem hat uns zynisch und faul gemacht. Wir bevorzugen es, zu sagen, »Castaneda ist ein Lügner« oder »Diese Sache mit den verschiedenen Möglichkeiten der Wahrnehmung ist einfach nichts für mich.« Was *ist* für dich? Was ist »real«? Diese harte, beschissene, bedeutungslose Alltagswelt? Sind Verzweiflung und Altersschwäche das, was für dich wirklich ist?

Dass die Welt »gegeben« und »endgültig« sei, ist ein irriges Konzept. Schon in einem sehr frühen Alter erlangen wir die »Mitgliedschaft«. Eines Tages, wenn wir die Stenographie der Interpretation erlernt haben, heißt uns die Welt willkommen. Willkommen zu was? Willkommen im Gefängnis. In der Hölle! Was ist, wenn sich herausstellt, dass Castaneda gar nichts erfunden hat? Wenn das wahr ist, dann seid ihr in einer verdammt schlechten Lage.

Das Interpretationssystem kann unterbrochen werden; es ist *nicht* endgültig. Es gibt Welten innerhalb von Welten, wobei jede davon genauso real ist wie diese. In der Mauer da drüben ist eine Welt, dieser *Raum* ist ein Universum des Details. Autisten werden gefangen, ja erfrieren im Detail – sie fahren so lange mit dem Finger über den Riss in der Wand, bis er blutet. Wir werden gefangen im Raum des Alltagslebens. Es gibt andere Möglichkeiten als diese Welt, so real wie dieser Raum; Orte, an denen ihr leben oder sterben könnt. Zauberer *tun* das – wie aufregend! Zu denken, dass *dies* die einzige allumfassende Welt ist, das ist der Inbegriff der Arroganz! Warum also nicht die Tür zu einem neuen Raum öffnen? *Das* ist das natürliche Erbe der empfindenden Wesen. Es ist an der Zeit, neue Glossen zu interpretieren und neue Welten zu konstruieren. Geht zu einem Ort, an dem es kein *Apriori*-Wissen gibt. Werft aber euer altes Interpretationssystem nicht einfach weg – benutzt es, von neun bis fünf. Und nach fünf? Magische Stunde!

No se habla Español aqui

Aber, was meint er bloß mit »magische Stunde«?

Ihre Bücher sind sorgfältig detaillierte Beschwörungen des Unbekannten und doch bleibt eine gewisse Ironie bestehen: Es gibt kein wirkliches Lexikon für ihre Erfahrungen. Die magische Stunde ist nicht weltfreundlich – sie ist die *körperliche* Erfahrung überschüssiger Energie. Wann immer Castaneda Don Juan verließ, um nach Los Angeles zurückzukehren, pflegte der alte Nagual zu sagen, dass er genau wisse, was sein Schüler alles unternehmen werde. Er sagte, er könne eine Liste erstellen – unter Umständen eine lange Liste, aber eben doch eine Liste –, auf der sich Castanedas Gedanken und Handlungen alle unvermeidlich wiederfinden ließen. Für Castaneda hingegen war es unmöglich, ein Gleiches für seinen Lehrer zu tun. Es gab keine Intersubjektivität zwischen den beiden Männern.

Was auch immer der alte Indianer in der zweiten Aufmerksamkeit »tat«, konnte nur erfahren, aber nicht erklärt werden. Damals hatte Castaneda weder die Energie noch die nötige Vorbereitung, die für einen solchen Konsens nötig gewesen wäre.

Aber der Affe ist besessen von Wörtern und Syntax. Er *muss* verstehen, egal was es kostet. Und sein Verstehen bedarf einer festen Ordnung. »Wir sind lineare Wesen: gefährliche Kreaturen voll von Gewohnheit und Wiederholung. Wir müssen unbedingt wissen: *Hier ist der Platz für das Hühnchen! Da ist der Platz für die Schuhriemen! Da ist die Autowaschanlage!* Wenn eines Tages mal eins dieser Dinge nicht an seinem Platz ist, rasten wir aus.« Er bestand darauf, das Essen zu bezahlen. Als der Kellner mit der Rechnung zurückkam, überkam mich das plötzliche Bedürfnis, seine Kreditkarte zu packen und nachzusehen, ob sie auf seinen Namen ausgestellt war. Er bemerkte meinen Blick.

»Ein Manager hat einmal versucht, mich dazu zu bringen, die gute alte American Express auf ›CARLOS CASTANEDA, MITGLIED SEIT 1968‹ ausstellen zu lassen.« Er lachte vergnügt, während er auf sein Thema zurückkam. »Wir sind große schwerfällige Affen, sehr aufs Ritual bedacht. Mein Freund Ralph besuchte seine Großmutter jeden Montagabend. Sie starb. Und er sagte: ›He Joe‹ – ich war zu dieser Zeit Joe – ›He Joe, jetzt können wir die Montagabende zusammen verbringen. Hast du montags frei, Joe?‹ ›Meinst du jeden Montag, Ralph?‹ ›Ja, ja! Jeden Montag. Wäre das nicht toll?‹ ›Aber, *jeden* Montag? Für immer?‹ ›Genau, Joe! Du und ich am Montag – *für immer*!‹«

Das Zauberer-Einmaleins

Auf einer Party traf ich einen Wissenschaftler – einen weithin bekannten Mann. Hoch angesehen. Eine Koryphäe. »Dr. X.« Er wollte mich wirklich fertigmachen. Er sagte: »Ich habe Ihr erstes Buch gelesen; die späteren waren alle langweilig. Sehen Sie, ich bin nicht an Anekdoten interessiert. Was mich interessiert, sind Beweise.« Dr. X suchte die Konfrontation mit mir. Er muss gedacht haben, ich sei so wichtig wie er.
Ich sagte: »Wenn ich hier das Gesetz der Schwerkraft erklären sollte, müssten Sie da nicht einen gewissen Grad an Bildung mitbringen, um mir folgen zu können? Sie benötigten ›Mitgliedschaft‹ – und vielleicht auch eine gewisse Ausrüstung. Sie müssten Physik 1, 2 und 16 belegt haben, unter Umständen sogar Physik 23. Und vorher müssten Sie natürlich schon unglaubliche Opfer fürs Lernen gebracht haben: zur Schule gehen, jahrelang studieren usw. Vielleicht hätten Sie es dafür sogar aufgegeben, sich zu *verabreden*.« Ich teilte ihm mit, dass er, wenn er einen Beweis haben wolle, das Zauberer-Einmaleins lernen müsse. Aber das wollte er nicht; das braucht der Vorbereitung. Er wurde wütend und verließ den Raum.
Zauberei ist ein Fluss, ein Prozess. Genau wie in der Physik benötigt man gewisse Kenntnisse, um dem Fluss der Gleichungen folgen zu können. Dr. X hätte erst einmal ein paar absolut grundsätzliche

Dinge tun müssen, bevor er in der Lage gewesen wäre, den *Fluss* der Zauberei zu verstehen. Er hätte erst einmal sein Leben »rekapitulieren« müssen. Also wollte der Wissenschaftler einen Beweis, war aber nicht bereit, sich vorzubereiten. Und das ist es, wie wir sind. Wir wollen nicht dafür arbeiten – wir wollen mit einem Helikopter zur Bewusstheit transportiert werden, damit uns bloß kein Dreck an unsere Schühchen kommt. Und wenn wir nicht mögen, was wir dort sehen, wollen wir mit dem Helikopter zurückgeflogen werden.

Die Spurrillen der Zeit

Es ist ermüdend, mit diesem Mann zusammen zu sein. Er ist übermäßig und rücksichtslos präsent – die Fülle seiner Aufmerksamkeit erschöpft. Er scheint mit allem, was er hat, auf meine Fragen einzugehen; da ist eine flüssige, beredsame Dringlichkeit in seinem Ausdruck, beharrlich und endgültig, elegant und elegisch. Castaneda sagte, er fühle die Zeit auf sich »zukommen«. Du spürst sein Gewicht als etwas Fremdartiges, das du nicht identifizieren kannst, als etwas Ätherisches und gleichzeitig Träges, dicht und unbeweglich – wie ein Pfropfen oder eine Boje, ein Korken, der schwer auf den Wellen treibt.

Wir spazierten durch Boyle Heights. Er hielt an, um mir eine Haltung aus der Kampfkunst zu demonstrieren, die das »Pferd« genannt wird – die Beine leicht angewinkelt, als ob man in einem Sattel sitze. »Zu meiner Zeit standen sie so in Buenos Aires. Alles war ziemlich stilisiert. Sie nahmen die Haltungen von Männern an, die schon lange tot waren. Mein Großvater stand auf diese Art. In dem Muskel hier unten« – er zeigte auf die Rückseite seines Oberschenkels – »ist der Ort, an dem wir Nostalgie speichern. Selbstmitleid ist eine ganz fürchterliche Angelegenheit.«

»Was hast du damit gemeint, als du davon sprachst, dass die ›Zeit auf dich zukomme‹?« »Don Juan hatte eine Metapher: Wir stehen in einem kleinen Raum und beobachten, wie die Spurrillen der Zeit zurückweichen. ›Da bin ich, als ich fünf Jahre alt war! Da geht's los.‹ Wir müssen uns nur herumdrehen, um die Zeit auf uns *zukommen* zu sehen. Auf diese Weise gibt es keine *Aprioris* mehr. Nichts wird vorangenommen, nichts vorausgesetzt, nichts säuberlich verpackt.«

Wir setzten uns auf eine Bank an einer Bushaltestelle. Auf der anderen Seite der Straße hielt ein Bettler ein Stück Pappe für die Autofahrer hoch. Castaneda starrte an ihm vorbei zum Horizont. »Ich habe nicht den Hauch von einem Morgen – und nichts aus der Vergangenheit. Die Abteilung für Anthropologie existiert für mich nicht mehr. Don Juan pflegte zu sagen, dass der erste Teil seines Lebens reine Verschwendung war – er war die Hölle. Der zweite Teil seines Lebens wurde ganz von der Zukunft absorbiert und der dritte ganz von der Vergangenheit, der Nostalgie. Und nur der letzte Teil seines Lebens war im *Jetzt*. Und genau da bin ich jetzt.«

Ich entschloss mich, ihm eine persönliche Frage zu stellen, und bereitete mich darauf vor, zurückgewiesen zu werden. Denn für sie haben biographische Beweisstücke einen ganz ähnlichen hypnotischen Effekt wie der Riss in der Wand, der uns alle mit blutigen Fingern zurücklässt.

»Als du eine Junge warst, wer war da der wichtigste Mensch in deinem Leben?«

»Mein Großvater – er hat mich großgezogen.« Seine harten Augen funkelten. »Er hatte einen Zuchteber namens Rudy. Er hat ihm eine ganze Menge Geld eingebracht. Rudy hatte ein kleines rosa Gesicht – sagenhaft. Sie pflegten ihm einen Hut aufzusetzen und ihm eine Weste anzuziehen. Mein Großvater baute einen Tunnel, der vom Schweinestall in den Vorführraum führte. Und da kam dann Rudy mit seinem Zwergengesicht voran heraus, seinen gewaltigen Körper hinter sich her schleppend! Rudy und sein Schraubenzieher *Pincho*; wir sahen dem Schwein zu, während es seine *barbarischen Akte* vollführte.«

»Was war er für ein Mensch – ich meine dein Großvater.«

»Ich bewunderte ihn. Er war es, der mich programmierte. Ich sollte einmal sein Banner tragen. Dies war mein Los, aber *nicht* mein Schicksal. Mein Großvater war ein Mann mit vielen Liebschaften. Und er schulte mich schon in jungen Jahren in der Kunst des Verführens. Als ich zwölf war, ging und redete ich bereits wie er – mit einem eingezwängten Kehlkopf. Er war derjenige, der mir beigebracht hat, die Hintertüre zu benutzen. Er sagte mir, dass die Frauen davonrennen würden, wenn ich mich ihnen direkt, von vorn näherte – ich sei *zu hässlich*. Er brachte mir bei, zu kleinen Mädchen zu gehen und zu sagen: ›Du bist so schön!‹ Dann sollte ich mich umdrehen und davongehen. ›Du bist das hübscheste Mädchen, das ich je gesehen habe!‹ – und weggehen. Nach drei oder vier Anläufen sagten sie: ›He! Wie heißt du?‹ … und die Sache mit dem Hintereingang hatte funktioniert.«

Er stand auf und ging voran. Der Bettler hielt gleichzeitig auf das von Büschen bewachsene Brachland zu, das die Schnellstraße umgab. Als wir sein Auto erreichten, öffnete Castaneda die Tür und verharrte für einen Augenblick in völliger Bewegungslosigkeit.

»Ein Zauberer stellte mir vor langer Zeit einmal die Frage: *Was für ein Gesicht hat der Butzemann, wie sieht er für dich aus?* Die Frage machte mich neugierig. Ich dachte, dieses Ding müsse irgendwie schattenhaft und finster sein und ein menschliches Gesicht haben – der Butzemann hat oft sogar das Gesicht von jemandem, von dem wir denken, dass wir ihn lieben. Für mich war es mein Großvater. Mein Großvater, den ich bewunderte!« Ich stieg ein und er ließ den Wagen an. Der Bettler verschwand gleichzeitig hinter ein paar Sträuchern.

»Ich war mein Großvater. Gefährlich, geldgierig, hinterhältig, kleinlich, rachsüchtig, voll von Zweifeln und – unbeweglich. Don Juan hat das gewusst.«

Sich wieder verlieben

Noch mit 75 Jahren suchen wir nach »Liebe« und »Partnerschaft«. Mein Großvater pflegte mitten in der Nacht weinend aufzuwachen: »Glaubst du, dass sie mich liebt?« Seine letzten Worte waren: »Ich komme gleich, Baby, ich komme gleich!« Er hatte einen gewaltigen Orgasmus und starb. Jahrelang dachte ich, das sei das Größte überhaupt – überragend. Dann sagte Don Juan zu mir: »Dein Großvater starb wie ein Schwein. Sein Leben und sein Tod hatten überhaupt keine Bedeutung.«

Don Juan sagte, dass der Tod nicht besänftigend sein kann – nur der Triumph kann das. Ich fragte ihn, was er unter einem Triumph verstehe, und er antwortete, *Freiheit*: wenn du den Schleier durchbrechen kannst und die Lebenskraft mit dir nimmst. »Aber es gibt da noch so viel, was ich tun will!« Er erwiderte: »Du meinst, es gibt da noch so viele Frauen, die du ficken willst.« Er hatte Recht. So primitiv sind wir.

Der Affe wird das Unbekannte in Erwägung ziehen, doch bevor er springt, will er erst einmal wissen: Was ist dabei für *mich* drin? Wir sind Geschäftsleute, Investoren, die daran gewöhnt sind, ihre Verluste gering zu halten – wir leben in einer merkantilistischen Welt. Bevor wir eine »Investition« tätigen, wollen wir Garantien. Wir verlieben uns, aber nur, wenn wir auch wiedergeliebt werden. Wenn wir dann nicht mehr lieben, schneiden wir dem Objekt unserer Begierde einfach den Kopf ab und ersetzen ihn durch einen anderen. Unsere »Liebe« ist mithin nur eine Hysterie. Wir sind *keine* liebevollen Wesen, wir sind herzlos.

Ich dachte, dass ich weiß, wie man liebt. Don Juan sagte: »Wie könntest du? Sie haben dich nie etwas über Liebe gelehrt. Sie haben dich gelehrt zu verführen, zu beneiden und zu hassen. Du liebst ja nicht einmal *dich selbst* – ansonsten hättest du deinen Körper nicht durch all diese barbarischen Akte hindurchgezwungen. Du hast nicht den Mumm, so zu lieben, wie ein Zauberer liebt. Könntest du für immer lieben, auch über den Tod hinaus? Ohne die geringste Bestätigung – ohne dass du irgendetwas dafür zurückbekommst? Könntest du ohne jegliche Investition lieben, für *nichts* und *wieder nichts*? Du wirst *niemals* wissen, wie das ist, so zu lieben: *unbeugsam*. Willst du wirklich sterben, ohne das zu kennen?«

Nein, das wollte ich nicht. Bevor ich starb, wollte ich wissen, wie es ist, auf diese Art zu lieben. So hatte er mich geködert. Als ich meine Augen öffnete, rollte ich bereits den Berg hinab. Und ich rolle noch immer.

Rekapituliere dein Leben!

Ich hatte zu viel Cola getrunken und begann paranoid zu werden.

Castaneda sagte, dass Zucker ein ebenso effektiver Killer sei wie der *Common Sense*. »Wir sind keine ›psychologischen‹ Kreaturen. Unsere Neurosen sind ein Nebenprodukt dessen, was wir in unseren Mund nehmen.« Ich war mir sicher, dass er sehr deutlich *sehen* konnte, dass mein »Energiekörper« Cola ausstrahlte. Ich fühlte mich schlecht, besiegt – und ich entschied mich, ab jetzt nur noch zuckerfreie Getränke zu mir zu nehmen.

Dies war die pikante schokoladenbraune Scham eines kleinlichen Affen.

»Auch ich liebte Cola sehr. Mein Großvater hatte eine Art von Pseudo-Sinnlichkeit. ›Ich muss diese Muschi haben! Ich brauche sie! Ich brauche sie jetzt!‹ Er dachte, er sei der schärfste Schwanz der ganzen Stadt. Sehr außergewöhnlich. Und bei mir war das genauso – alles lief über meine Eier ab, aber das war nicht *real*. Don Juan erklärte mir: ›Das wird durch den Zucker ausgelöst. Du bist einfach zu *schmächtig*, um über solch eine sexuelle Energie zu verfügen.‹ Zu fett für einen so ›scharfen Schwanz‹.«

Nahezu jeder raucht im *Universal City Walk*. Es war schon seltsam, mit Carlos Castaneda in dieser architektonischen Annäherung an das Mittelklasse-Los-Angeles zu sitzen, in dieser »Verklebung von Details«, dieser »Lawine von Glossen«, die eine virtuelle Stadt ist. Es gibt da keine Schwarzen und nichts erinnert an gesteigerte Bewusstheit. Wir hatten uns vom *Band des Menschen* in das *Band des Mittelklasse-Amerikas* hineinbewegt. Wir leben in einer auf perverse Art verbindlichen Version einer der vertrauten Szenen seiner Bücher – in jener, wo er sich plötzlich in einem Abbild der Alltagswelt wiederfindet.

»Du sagst, wenn Dr. X ›sein Leben rekapituliert‹ hätte, hätte er vielleicht einige Energie zurückholen können. Was hast du damit gemeint?«

»Die Rekapitulation ist die wichtigste Sache, der wir uns widmen. Zu Beginn macht man eine Liste von allen Menschen, die man je gekannt hat. Von allen, mit denen du je gesprochen hast, und allen, mit denen du irgendeinen Austausch hattest.«

»*Von allen?*«

»Ja. Dann arbeitest du dich durch die Liste, indem du nacheinander all die Szenen des Austausches wiedererschaffst.«

»Aber das kann ja Jahre dauern.«

»Sicher. Eine gründliche Rekapitulation dauert eine lange Zeit. *Und dann beginnst du von neuem.* Wir sind niemals fertig mit dem Rekapitulieren – auf diese Weise bleibt kein Rest zurück. Schau, es gibt keine ›Pause‹. *Pause* ist ein Konzept der Mittelklasse – die Vorstellung, dass du, wenn du hart genug gearbeitet hast, *Urlaub* verdienst. Zeit dazu, um den Allradantrieb deines Range Rovers auszufahren oder um in Montana zum *Fischen* zu fahren. Das ist Bockmist.«

»Man erschafft also eine Szene neu ...«

»Beginne mit deinen sexuellen Begegnungen. Du siehst die Laken, die Möbel, den Dialog. Gehe dann auf die Personen über, auf die Gefühle. Was hast du gefühlt? Beobachte! Atme die Energie ein, die du in dem Austausch abgegeben hast; und gib die zurück, die dir nicht gehört.«

»Das klingt für mich ganz nach Psychoanalyse.«

»Man analysiert nicht, man beobachtet. Die Webmuster, die Details – du schließt dich selbst an die *Absicht* der Zauberer an. Es ist ein Manöver, ein magischer Akt, der hunderte von Jahren alt ist; der Schlüssel zum Wiedergewinnen von Energie, der dir die Freiheit verschafft, andere Dinge zu unternehmen.«

»Man bewegt also den Kopf und atmet ...«

»Arbeite dich entlang der Liste zurück, bis du zu Mami und Papi gelangst. Spätestens dann wirst du *schockiert* sein: Du wirst Muster der Wiederholung sehen, von denen dir *kotzübel* wird. Wer hat dir deine Geisteskrankheiten vererbt? Wer hat das Programm erstellt? Die Rekapitulation wird dir einen Augenblick der Stille geben – sie wird dir erlauben, dich von den *Prämissen zu befreien,* und Raum für etwas anderes schaffen. Aus der Rekapitulation kommst du mit unendlichen Geschichten über das Selbst heraus, aber du blutest nicht länger.«

Was Sie schon immer über Energie wissen wollten ... aber nie zu fragen wagten

Als ich zu Don Juan kam, hatte ich mich bereits zu Tode gefickt; ich hatte mich auf diese Weise völlig erschöpft. Jetzt bin ich nicht mehr in der Welt, nicht auf diese Art. Zauberer nutzen die sexuelle Energie, um wegzufliegen oder um sich zu verändern. Das Ficken ist – energetisch gesehen – unser bedeutendster Akt. So gesehen, haben wir unsere besten Posten verstreut, aber nicht versucht, sie zurückzurufen; unser Verlust ist mithin unser eigenes Versäumnis. Daher ist es so wichtig, sein Leben zu rekapitulieren.

Die Rekapitulation trennt unsere Verpflichtung gegenüber der sozialen Ordnung von unserer Lebenskraft. Die beiden sind mithin nicht untrennbar. Und als ich einmal dazu fähig war, mein soziales Wesen von meiner angeborenen Energie *abzuziehen,* konnte ich ganz klar sehen: Ich war gar nicht so »sexy«.
Manchmal spreche ich vor Gruppen von Psychia-

tern. Sie wollen etwas über den Orgasmus erfahren. Aber, wenn du da draußen in der Unendlichkeit herumfliegst, dann kümmerst du dich einen *Dreck* um das »große O«. Die meisten von uns sind ohnehin frigide, und all das Gerede über unsere Sinnlichkeit ist eher eine Art mentaler Onanie. Wir sind das »Ergebnis von langweiligem Sex« – im Augenblick der Empfängnis ist meist einfach nicht genug Energie da. Entweder sind wir das erste Kind und unsere Eltern wussten noch nicht so recht Bescheid oder das letzte Kind, was bedeutet, dass unsere Eltern nicht mehr so richtig interessiert waren. Auf die eine oder andere Weise sind wir also immer *gefickt*. Wir sind nur ein Klumpen Fleisch mit schlechten Gewohnheiten und ohne jede Energie. Wir sind langweilige Kreaturen, aber, statt das zuzugeben, sagen wir lieber: »Ich bin so gelangweilt.«

Für Frauen ist der Geschlechtsverkehr wesentlich verletzender – Männer sind Drohnen. Das Universum selbst ist weiblich. Frauen haben den totalen Zugang, sie sind bereits *da*. Das Problem ist nur, dass sie auf so stupide Weise sozialisiert wurden. Frauen sind gewaltige Flieger; sie haben eine Art zweites Gehirn, ein Organ, das sie für einen unvorstellbaren Flug nutzen können. Sie benutzen ihre Gebärmutter, um zu *träumen*.

Müssen wir also mit dem Ficken aufhören? Die Männer fragen Florinda immer wieder danach. Sie sagt: »Macht nur so weiter! Steckt eure Pipimännchen rein, wo immer ihr wollt!« Oh, sie ist eine furchtbare Hexe! Sie geht aber noch schlimmer mit den Frauen um – jenen Wochenend-Göttinnen, die sich ihre Nippel bemalen und dann ins Retreat gehen. Sie sagt ihnen: »Ja, ihr seid wirklich hier, um Göttinnen zu sein. Aber was tut ihr, wenn ihr wieder zu Hause seid? Ihr werdet gefickt wie Sklavinnen! Und die Männer hinterlassen leuchtende Würmer in eurer Muschi!« Sie ist wirklich eine schreckliche Hexe!

Der Pfad des Coyoten

Florinda Donner-Grau macht keine Gefangenen. Sie ist feingliedrig, charmant und aggressiv – wie ein Jockey mit Reitpeitsche.

Als Donner-Grau zum ersten Mal mit Don Juan und seinem Kreis in Kontakt kam, dachte sie, sie wären arbeitslose Zirkusleute, die mit gestohlenen Waren handelten. Wie sonst hätte sie sich den großen Bakkarat-Kristall, die exquisiten Kleider und die antiken Schmuckstücke erklären sollen? Ein Gefühl der Abenteuerlust erfüllte sie in dieser Umgebung, was ihrer eigenen Natur entgegenkam – sie war anmaßend, waghalsig und temperamentvoll. Für ein südamerikanisches Mädchen war ihr Leben bislang verhältnismäßig freizügig gewesen.

»Ich dachte damals, ich sei das mit Abstand wundervollste Wesen, das je existiert hatte – so verwegen, so *besonders*. Ich raste mit dem Auto durch die Gegend und kleidete mich wie ein Mann. Dann sagte mir dieser alte Indianer, dass das einzig *Besondere* an mir mein blondes

Haar und meine blauen Augen seien ... und das auch nur in einem Land, in dem diese Merkmale etwas Außergewöhnliches sind. Ich wollte ihn schlagen – und ich denke, ich habe dies auch tatsächlich getan. Aber natürlich hatte er Recht. Die Verherrlichung des eigenen Selbst ist total verrückt. Daher ist es die Methode der Zauberer, das eigene Selbst zu *töten*. In diesem Sinne musst du sterben, um zu leben – und nicht leben, um zu sterben.«

Don Juan ermutigte seine Schüler dazu, sich auf eine »Romanze mit dem Wissen« einzulassen. Er verlangte, dass sie ihren Verstand ausreichend trainierten, um die Zauberei als ein authentisches philosophisches System betrachten zu können; so führte hier die ursprüngliche Feldforschung durch diese trickreiche Wendung, die so kennzeichnend für die Welt der Zauberer ist, zur akademischen Welt und nicht umgekehrt. Der Weg zur magischen Stunde war auf diese Weise recht lustig.

Sie erinnerte sich daran, als Castaneda sie zum ersten Mal nach Mexiko mitnahm, um Don Juan zu treffen. »Wir nahmen diese lange, schlangenartig gewundene Route, die als ›Pfad des Coyoten‹ bekannt ist. Ich dachte mir, er nehme diesen seltsamen Weg nur, um eventuelle Verfolger abzuschütteln, aber es war etwas anderes. Man musste einfach genug Energie haben, um diesen alten Indianer zu finden. Nach einer ich weiß nicht wie langen Zeit stand jemand auf der Straße, der uns heranwinkte. Ich sagte zu Carlos: ›He, willst du nicht anhalten?‹ Er antwortete: ›Das ist nicht nötig.‹ Wir hatten gerade *den Nebel durchquert*.«

Wir fuhren gerade an Pepperdine vorbei. irgendjemand verkaufte Kristalle am Straßenrand. Ich fragte mich, ob

Shirley MacLaines Haus abgebrannt sei. Und ich fragte mich, ob Dick Van Dyke es wieder aufgebaut hatte. Vielleicht war Van Dyke auch zusammen mit der Familie von Sean Penn in MacLaines Villa eingezogen.

»Was macht ihr mit den Leuten, die an eurer Arbeit interessiert sind – mit denen, die eure Bücher lesen und dann Briefe schreiben? Helft ihr ihnen?«

»Die Leute sind meist nur im intellektuellen Sinne neugierig, sie sind gereizt oder was auch immer. Sie bleiben, bis es ihnen dann zu schwierig wird. Die Rekapitulation ist eine *sehr* unangenehme Angelegenheit und die Leute wollen sofortige Resultate, schnelle Befriedigung. Für viele New-Ager ist es aber auch eine Variante des *Verabredungsspiels*. Sie durchwandern den Raum mit ihren Augen und suchen heimlich verlängerte Blickkontakte zu potenziellen Partnern. Oder es ist für sie einfach wie ein Einkaufsbummel auf der Montana Avenue. Wenn die Sachen zu teuer werden, das heißt, wenn sie einfach zu viel von sich selbst geben müssen, verlieren sie das Interesse und wollen ihnen nicht mehr länger nachjagen. Du siehst, wir wollen *maximale* Gewinne aus *minimalen* Investitionen ziehen. Keiner ist wirklich daran interessiert, die Arbeit zu machen.«

»Aber sie *würden* sicher daran interessiert sein, wenn es irgendeinen *Beweis* für das gäbe, was ihr sagt, und ...«

»Carlos hat dazu eine großartige Geschichte. Es gab da eine Frau, die er bereits einige Jahre lang kannte. Sie rief ihn aus Europa an, in einer schrecklichen Verfassung. Er sagte zu ihr, dass sie einfach nach Mexiko kommen solle; so, als würde er sagen: ›Spring in meine Welt hinein.‹ Sie zögerte. Dann sagte sie: ›Ich werde kommen – aber nur, solange ich ganz genau weiß, dass meine Sandalen auf der anderen Seite des Flusses auf mich warten.‹ Sie wollte Garantien dafür, dass sie auf ihren Füßen landen würde. Und natürlich gibt es solche Garantien nicht. Wir alle sind so: Wir wollen springen, zumindest solange wir genau wissen, dass unsere Sandalen auf der anderen Seite auf uns warten.«

»Und was ist, wenn du springst – so gut du eben kannst – und du dann feststellen musst, dass alles nur ein Fiebertraum war?«

»Dann wünsche ich dir ein gutes Fieber.«

Carlos Castanedas Intimbereich

»Das ist kein Buch für die Allgemeinheit,« sagt ein langjähriger Bekannter des Autors über *Die Kunst des Träumens*. Es ist tatsächlich die Krönung von Castanedas Werk, ein praktischer Wegführer zu einem unentdeckten Land – die Darstellung uralter Techniken, die von den Zauberern alter Zeiten benutzt wurden, um in die zweite Aufmerksamkeit einzutreten. Wie seine anderen Bücher ist es sowohl anschaulich als auch entnervend; und doch hat dieses etwas ganz besonders Gespenstisches an sich. Es *riecht* förmlich so, als ob es nicht in dieser Welt entstanden sei. Ich war neugierig darauf zu erfahren, wie alles angefangen hatte.

»Während ich mit Don Juan zusammen war, machte ich mir ständig Notizen – *tausende* Notizen. Schließlich meinte er: ›Warum schreibst du nicht gleich ein Buch?‹ Ich erklärte ihm, dass das unmöglich sei. ›Ich bin kein

Schriftsteller.‹ ›Aber du könntest doch bestimmt ein *beschissenes* Buch schreiben, oder?‹ Und ich dachte mir: Ja! Ich könnte durchaus ein *beschissenes* Buch schreiben. Don Juan stellte mich vor die Herausforderung: ›Kannst du dieses Buch schreiben, wohlwissend, dass es dir eine traurige Berühmtheit einbringen könnte? Kannst du dabei makellos bleiben? Und, ob sie dich dafür nun *lieben* oder hassen, ist dabei bedeutungslos. Kannst du dieses Buch schreiben und gleichzeitig alldem widerstehen, was dir aufgrund dessen über den Weg läuft?‹ Ich willigte ein. *Ja. Ich werde es tun.*

Und *schreckliche* Dinge liefen mir über den Weg. Aber die Höschen passten nicht.«

Ich sagte ihm, dass ich nicht sicher sei, ob ich seine letzte Bemerkung richtig verstanden hätte, und er lachte.

»Das ist ein alter Witz. Der Wagen einer Frau hat unterwegs eine Panne und ein Mann repariert ihn. Sie hat kein Geld, um ihn zu bezahlen, und bietet ihm ihre Ohrringe an. Er sagt ihr, dass ihm das seine Frau niemals glauben würde, und lehnt ab. Sie bietet ihm ihre Uhr an, aber er erzählt ihr, dass die ja doch nur von Banditen gestohlen würde. Zu guter Letzt zieht die Frau ihr Höschen aus, um ihm zu geben, was er sich verdient hat. ›Nein, danke‹, sagt er. ›Es hat nicht meine Größe.‹«

Das Kriterium dafür, tot zu sein

Ich war nie allein gewesen, bevor ich Don Juan begegnete. Er sagte zu mir: »Befreie dich von deinen

Freunden. Sie werden dir niemals erlauben, unabhängig zu handeln – sie kennen dich einfach zu gut. Du wirst niemals fähig sein, mit etwas Neuem aufzuwarten ... *erschütternd*.« Don Juan sagte mir, ich solle mir ein Zimmer mieten, je elender desto besser. So eins mit grünem Fußboden und grünen Vorhängen, die nach Pisse und Zigaretten stinken. »Bleibe dort«, sagte er, »und bleibe allein, bis du tot bist.« Ich versuchte ihm zu erklären, dass ich dies nicht tun könne. Ich wollte meine Freunde nicht verlassen. Er erwiderte nur: »Nun gut, in diesem Fall kann ich nie wieder mit dir sprechen.« Er winkte mir zum Abschied zu, mit einem breiten Grinsen. Junge, war ich erleichtert! Dieser unheimliche alte Mann – dieser *Indianer* – hatte mich endlich rausgeschmissen. Die ganze Sache hatte sich in Wohlgefallen aufgelöst. Je näher ich Los Angeles kam, umso verzweifelter wurde ich. Ich begriff, dass ich nach Hause fuhr – zu meinen *Freunden*. Und wozu? Um bedeutungslose Dialoge mit denen zu führen, die mich alle so gut kannten. Um neben dem Telefon auf dem Sofa zu hocken und darauf zu warten, dass mich irgendjemand zu einer Party einladen würde. *Endlose* Wiederholungen. Ich ging also zu diesem grünen Zimmer und rief Don Juan an. »Hör zu, das bedeutet nicht, dass ich es tun werde – aber sag mir, was ist das Kriterium dafür, tot zu sein?« »Wenn du dich nicht länger darum kümmerst, ob du in Gesellschaft oder ob du allein bist. Das ist das Kriterium dafür, tot zu sein.«

Es dauerte drei Monate, bis ich tot war. Ich ging die Wände hoch – *verzweifelt* darauf hoffend, dass ein Freund vorbeischauen könnte. Aber ich blieb. Am Ende hatte ich mich von allen Selbsttäuschungen befreit; man wird nicht verrückt, wenn man allein ist. Ihr werdet verrückt auf dem Weg, auf dem *ihr* geht, so viel ist sicher. Darauf könnt ihr euch verlassen.

Bewusstheit montieren

Wir fuhren in seinem Kombiwagen zu jenem schäbigen Apartmenthaus, in das Castaneda damals eingezogen war, um zu sterben.

»Wir könnten zu deinem alten Zimmer gehen«, sagte ich, »und dort anklopfen. Einfach so zum Spaß.« Er meinte, das würde dann doch wohl etwas zu weit führen.

»›Was erwartest du vom Leben?‹ Das ist die Frage, die Don Juan mir zu stellen pflegte. Meine klassische Antwort war: ›Ehrlich, Don Juan, ich weiß es nicht.‹ Das war meine Haltung als ›nachdenklicher‹ Mensch – als Intellektueller. Don Juan erwiderte: ›Diese Antwort mag deine *Mutter* zufrieden stellen, aber nicht mich.‹ Schau, ich konnte gar nicht *denken* – ich war sozusagen bankrott. Und er war ein *Indianer. Carajo, coño!* Oh Gott, du hast ja keine Ahnung, was das bedeutete. Ich war höflich, aber ich blickte auf ihn herab. Dann fragte er mich eines Tages, ob wir gleich seien. Tränen schossen in meine Augen, als ich ihn heftig umarmte. ›Aber natürlich sind wir gleich, Don Juan! Wie kannst du so etwas nur *sagen*!‹ Das war eine Umarmung; ich heulte fast. ›Glaubst du das wirklich?‹, fragte er. ›Mein Gott, ja!‹. Als ich ihn losließ, sagte er: ›Nein, wir sind *nicht* gleich. Ich bin ein makelloser Krieger – und du bist ein *Arschloch*. Ich könnte mein ganzes Leben in einem einzigen Augenblick zusammenfassen. Du hingegen kannst nicht einmal klar denken.‹«

Wir kamen schließlich an und parkten unter ein paar Bäumen. Castaneda starrte das zwielichtige Bauwerk mit sonderbarer Entgeisterung an, so als sei er schockiert darüber, dass es immer noch an seinem Platz stand. Er sagte, es habe schon vor Jahren abgerissen werden sollen – und dass sein Fortbestehen in der Welt irgendeiner Art geradezu unheimlicher Magie zu verdanken sei. Vor dem Gebäude spielten Kinder mit einem gigantischen Plastik-Feuerwehrauto. Eine obdachlose Frau strich wie eine Schlafwandlerin an uns vorbei.

Er machte keinerlei Anstalten auszusteigen. Stattdessen begann er davon zu erzählen, was es bedeute, ›in einem solchen grünen Zimmer zu sterben‹. Als er diesen Ort dann verlassen hatte, war Castaneda endlich fähig, den fremdartigen Prämissen des alten Indianers unvoreingenommen zuzuhören.

Don Juan erklärte ihm, dass sich den Zauberern beim *Sehen* von Energie die menschliche Gestalt als leuchtendes Ei präsentiert. Hinter dem Ei, ungefähr in der Entfernung einer Armeslänge von den Schultern, befindet sich der »Montagepunkt«, in dem hell leuchtende Stränge der Bewusstheit zusammengefasst werden. Und die Art, wie wir die Welt wahrnehmen, wird bestimmt durch die Position dieses Punktes. Der Montagepunkt der ganzen

Menschheit ist auf jedem Ei an derselben Stelle *fixiert*; diese Gleichförmigkeit ist auch der Grund dafür, dass wir die Sicht unserer Alltagswelt teilen. (Die Zauberer nennen diesen Bereich der Bewusstheit »erste Aufmerksamkeit«.) Unsere Art wahrzunehmen verändert sich durch *Verlagerungen* des Punktes, hervorgerufen durch Verletzungen, Schockzustände, Drogen – oder während des Schlafes, wenn wir träumen. »Die Kunst des Träumens« bedeutet mithin, den Montagepunkt zu verlagern und ihn dann in einer neuen Position zu fixieren, was wiederum Wahrnehmungen von alternativen, allumfassenden Welten erzeugt (»die zweite Aufmerksamkeit«). Kleinere *Verschiebungen* des Punktes innerhalb des Eis finden immer noch im Bereich des menschlichen Bandes statt und sind die Ursache für die Halluzinationen während eines Deliriums oder für die Welten, denen man während normaler Träume begegnet. Größere *Bewegungen* des Montagepunkts, die wesentlich dramatischer sind, ziehen den »Energiekörper« aus dem menschlichen Band hinaus und führen ihn in nichtmenschliche Sphären. Das ist es auch, wohin Don Juan und sein Zug gingen, als sie 1973 am »Feuer von Innen« verbrannt sind und damit das unvorstellbare Ansinnen ihrer Linie erfüllten: den evolutionären Flug.

Sie hatten Castaneda darüber belehrt, dass einst ganze Kulturen – eine Vereinigung von Träumern – auf die gleiche Art und Weise verschwunden seien.

Er erzählte mir von einem Zauberer seiner Linie, der Tuberkulose hatte und der dazu fähig war, seinen Montagepunkt von der Position seines Todes weg zu *verschieben*. Dieser Zauberer musste sein ganzes Leben lang makellos bleiben; seine Krankheit hing ständig wie ein Schwert über ihm. Er konnte sich kein Ego leisten, denn er wusste genau, wo sein Tod lag und auf ihn wartete.

Castaneda wandte sich mir zu und lächelte: »He ...« Sein Blick war fremdartig, exaltiert und ich war auf alles vorbereitet. Immerhin war ich schon seit drei Wochen in die Welt seiner Bücher eingetaucht und von den darin dargestellten Möglichkeiten angesteckt. Vielleicht war dies der Moment, in dem ich einen Pakt mit *Mescalito* abschließen würde. Oder vielleicht hatten wir bereits »den Nebel durchquert«, ohne dass ich es bemerkt hatte?

»He«, sagte er wieder, und seine Augen blinzelten mir schelmisch zu. »Hast du Lust auf einen Hamburger?«

Der Boykott des Historienspiels

»Es ist ein Verbrechen, dass der Montagepunkt des Menschen auf einem einzigen Punkt fixiert ist.«

Ich saß mit Taisha Abelar auf einer Bank vor dem Kunstmuseum am Wilshire Boulevard. Sie war anders, als ich sie mir vorgestellt hatte. Castaneda hatte mir erzählt, dass Taisha Abelar im Rahmen ihres Trainings verschiedene Masken angenommen hatte: eine davon war die »Verrückte von Oaxaca«, eine lüsterne, mit Dreck beschmierte Bettlerin. Das war damals gewesen, als sie noch eine arme Schauspielerin im Aktionstheater der Zauberei war.

»Ich hatte ursprünglich vorgehabt, mein Buch ›The Great Crossing‹ [Der große Übergang] zu nennen, aber das erschien mir dann doch zu östlich.«

»Das buddhistische Konzept ist jedenfalls recht ähnlich.«

»Es gibt da eine Menge Parallelen. Unsere Gruppe praktiziert solche Übergänge schon seit Jahren, aber erst vor kurzem haben wir unsere Erfahrungen miteinander verglichen, und dies auch nur, weil unser Fortgang kurz bevorsteht. 75 Prozent unserer Energie sind bereits dort, 25 Prozent sind noch hier. Das ist der Grund, warum wir gehen müssen.«

»Ist *das* der Ort, an dem Carol Tiggs war? Ich meine diesen 75-Prozent-Ort.«

Sie wartete einen Moment lang und verharrte in völliger Bewegungslosigkeit, dann begann sie zu lachen. »Wir fühlten Carol Tiggs auf unseren Körpern lasten, nachdem sie gegangen war. Sie hatte eine unglaubliche Masse. Sie war wie ein Leuchtturm, ein Leuchtfeuer. Sie gab uns Hoffnung – einen Ansporn, weiter zu gehen. Und wann immer ich anfing, mich gehen zu lassen, fühlte ich, dass sie mir auf die Schulter klopfte. Sie war unsere großartigste Obsession.«

»Warum ist es für den ›Affen‹ so schwierig, seine Reise zu unternehmen?«

»Unsere Wahrnehmung ist auf ein Minimum beschränkt; je mehr Bindungen wir in dieser Welt haben, umso schwerer ist es, Lebewohl zu sagen. Und wir alle haben solche Bindungen: Wir alle wollen Ruhm, wollen geliebt und gemocht werden. Mensch, manche von uns haben sogar Kinder! Warum sollte irgendjemand den Wunsch haben zu gehen? Wir tragen eine Maske, die uns verhüllt ... wir haben unsere freudigen Momente, die uns für den Rest unseres Lebens ausreichen. Ich kenne eine

Frau, die einmal Miss Alabama war. Reicht das, um ihr den Weg zur Freiheit zu versperren? Ja. Der Titel ›Miss Alabama‹ reicht vollkommen aus, um sie festzunageln.«

Ich dachte, es wäre an der Zeit, eine der »bedeutenderen« Fragen zu stellen (es gab eine ganze Reihe davon): Wenn sie von »hinübergehen« sprachen, meinten sie dann einen Übergang, der den physischen Körper einschloss? Sie antwortete, dass sie sich, wenn sie von einer Veränderung des Selbst sprechen, nicht auf das Freudsche Ego beziehen, sondern vielmehr auf das konkrete Selbst – ja, auf den physischen Körper. »Als Don Juan und sein Zug die Welt verließen«, sagte sie, »da gingen sie mit der Ganzheit ihrer Wesen. Sie gingen mit ihren Stiefeln an den Füßen.«

Sie sagte, dass das *Träumen* die einzig echte, neue Sphäre für einen philosophischen Diskurs sei – und dass Merleau-Ponty unrecht hatte, wenn er behauptete, dass der Mensch dazu verdammt sei, in einer durch das *Apriori* vorverurteilten Welt zu leben. »Es *gibt* einen Platz ohne *Aprioris* – die zweite Aufmerksamkeit. Don Juan hat immer wieder gesagt, dass Philosophen ›*verhinderte* Zauberer‹ seien. Was ihnen fehle, sei die Energie, um über ihre Idealisierungen hinausspringen zu können.

Wir alle tragen Gepäck auf dem Weg zur Freiheit: Lass die Gepäckstücke einfach fallen. Wir müssen sogar das Gepäckstück der Zauberei hinter uns lassen.«

»Das Gepäckstück der Zauberei?«

»Wir *praktizieren* keine Zauberei; wir praktizieren *gar nichts*. Das Einzige, was wir praktizieren, ist, den Montagepunkt zu bewegen. Letztlich wird dich nämlich das

›Zauberer-Sein‹ genauso gefangen nehmen wie das Miss-Alabama-Sein.«

Eine schäbig gekleidete, zahnlose Frau schlurfte zu uns herüber und bot uns Postkarten zum Kauf an – die Verrückte von der Miracle Mile. Ich nahm eine Karte und gab ihr einen Dollar. Ich zeigte sie Abelar; es war das Bild eines lachenden Jesus.

»Ein seltener Augenblick«, sagte sie.

Die Ankunft der Gäste

Wo in dieser Welt ist noch etwas zu entdecken übrig geblieben?

Alles ist ein *Apriori* – fertig und ausgeschöpft. Wir sind zur Senilität verdammt; sie wartet auf uns wie *Magina*, die Flusskrankheit. Als ich ein Kind war, hörte ich davon. Eine Krankheit der Erinnerungen und der Erinnerung. Sie befällt Leute, die am Ufer des Flusses leben. Man wird von einer Sehnsucht besessen, die einen dazu zwingt, sich immer weiter fortzubewegen – ohne irgendeinen Sinn endlos weiter zu wandern, bis in alle Ewigkeit. Der Fluss selbst mäandert; die Leute pflegten zu sagen: »Der Fluss ist lebendig.« Wenn er seine Richtung wechselt, erinnert er sich jedoch niemals daran, dass er einst von Ost nach West floss. Der Fluss vergisst sich selbst.

Es gab da eine Frau, die ich regelmäßig im Altersheim besuchen ging. Sie war dort fünfzehn Jahre lang. Und die ganzen fünfzehn Jahre bereitete sie sich auf eine Party vor, die sie im Hotel *Coronado* geben wollte. Das war ihre Wahnvorstellung; jeden Tag machte sie sich für den Empfang zurecht, aber die Gäste erschienen nie. Am Ende starb sie. Wer weiß – vielleicht war das der Tag, an dem die Gäste endlich angekommen waren.

Der Index der Absicht

»Wie soll ich dein Aussehen beschreiben?«

Seine Stimme veränderte sich und wurde absurd salbungsvoll. Er war Fernando Rey, der bürgerliche Narzisst – gewürzt mit einer Prise Laurence Harvey.

»Du kannst sagen, ich ähnele Lee Marvin.«

Die Abenddämmerung brach über den Roxbury Park herein. Aus einiger Entfernung drang das ständige *Wumm* eines Tennisballs herüber, der gegen eine Betonwand geschlagen wurde.

»Ich las einmal im *Esquire* einen Artikel über Hexerei in Kalifornien. Der erste Satz lautete: ›Lee Marvin hat Angst.‹ Und wann immer irgendetwas nicht in Ordnung ist, kannst du mich heute sagen hören: *Lee Marvin hat Angst.*«

Wir einigten uns letztendlich darauf, dass ich Castaneda als einen an den Rollstuhl gefesselten Torso mit hübsch ›geformten‹ Armen beschreiben würde. Außerdem würde ich erzählen, dass er Parfum von *Bijan* benutze und langes Haar trage, welches sein Gesicht zart einrahme, das wiederum an das des jungen Foucault erinnere.

Er fing an zu lachen. »Früher kannte ich mal eine Frau, die jetzt Seminare zum Thema ›Castaneda‹ abhält. Wenn sie sich depressiv fühlte, hatte sie einen besonderen Trick – eine Methode, um aus der Depression herauszukommen. Sie sagte zu sich selbst: ›Carlos Castaneda sieht aus wie ein mexikanischer Kellner!‹ Das reichte schon, um sie wieder aufzurichten. *Carlos Castaneda sieht aus wie ein mexikanischer Kellner!* Und sofort ist sie wieder frisch. Faszinierend! Wie traurig. Aber für sie ist es genauso gut wie Prozac!«

Ich hatte wieder durch die Bücher geblättert und wollte ihn nach der »Absicht« fragen. Sie war eines der abstraktesten Hauptkonzepte in ihrer Welt. Sie sprachen davon, die Freiheit zu *beabsichtigen*, den Energiekörper zu *beabsichtigen* – und sie sprachen sogar davon, die *Absicht* zu *beabsichtigen*.

»Ich verstehe die *Absicht* nicht.«

»Du verstehst *gar nichts*.« Ich war überrascht. »Keiner von uns tut das! Wir verstehen die Welt nicht, wir gehen lediglich mit ihr um – aber das machen wir recht gut. Wenn du also sagst: ›Ich verstehe nicht‹, so ist das nur ein leerer Spruch. Daher will ich dir gleich am Anfang sagen, dass du noch nie irgendetwas verstanden hast.«

Ich war in einer streitsüchtigen Laune. Sogar die Zauberei hatte eine »Arbeitsdefinition«. Warum konnte er mir keine für »Absicht« geben?

»Ich kann dir nicht sagen, was *Absicht* ist. Ich weiß es selbst nicht. Führe sie doch einfach als neue *indexikale Kategorie* ein. Wir sind Taxonomen – wie wir es lieben, Indexe zu führen! Don Juan fragte mich einmal: ›Was ist eine Universität?‹ Ich erklärte ihm, es sei eine Schule für höheres Lernen. Er fragte: ›Aber was ist »eine Schule für höheres Lernen«?‹ Ich erklärte ihm, dass dies ein Ort sei, an dem sich Leute treffen, um zu lernen. ›Ein Park? Ein Feld?‹ Er hatte mich erwischt. Ich begriff, dass ›Universität‹ eine ganz unterschiedliche Bedeutung für den Steuerzahler, für den Lehrer und für den Studenten hatte. Wir haben jedoch keine Vorstellung davon, was ›Universität‹ ist! Es ist eine indexikale Kategorie, so wie ›Berg‹ oder ›Ehre‹. Du musst nicht wissen, was ›Ehre‹ ist, um dich auf sie zu zu bewegen. Also bewege dich einfach auf die *Absicht* zu. Führe *Absicht* als Index ein. *Absicht* ist lediglich die Bewusstheit einer Möglichkeit – eine Chance, eine Chance zu haben. Es ist eine der immerwährenden Kräfte des Universums, an die wir niemals appellieren – aber wenn du dich an die Absicht der Welt der Zauberer ankoppelst, gibst du dir selbst *eine Chance, eine Chance zu haben*. Du koppelst dich nicht an die Welt deines Vaters an, jene Welt des ›Sechs Fuß unter der Erde begraben seins.‹ *Beabsichtige* die Bewegung deines Montagepunkts. Wie? Indem du es *beabsichtigst*! Das ist reine Zauberei.«

»Sich auf sie zu bewegen, ohne zu verstehen.«

»Aber sicher doch! ›Absicht‹ ist nur ein Index – höchst trügerisch, aber allseitig verwendbar. Genau wie ›Lee Marvin hat Angst.‹«

Armes Babytum

Ich begegne immer wieder Leuten, die mir unbedingt ihre Geschichten über sexuellen Missbrauch erzählen wollen. Ein Typ erzählte mir, was er erlebt hatte, als er gerade zehn war; sein Vater packte seinen Schwanz und sagte: »*Das* ist zum Bumsen!« Dies traumatisierte ihn für zehn Jahre! Er gab tausende von Dollars für Psychoanalyse aus. Sind wir wirklich so verletzlich? Bockmist. Wir sind bereits seit fünf Milliarden Jahren hier! Aber gerade das ist für ihn bezeichnend: Er ist ein »Opfer sexuellen Missbrauchs.« *Mierda*. Wir sind alle arme kleine Babys.

Don Juan trieb mich dazu, zu untersuchen, auf welche Art und Weise ich mit anderen Menschen in Beziehung stand: Ich wollte immer, dass sie Mitleid mit mir hatten. Das war mein »einziger Trick«. Wir alle haben einen Trick, den wir gelernt haben, als wir klein waren, und den wir bis zu unserem Tod ständig wiederholen. Wenn wir sehr phantasievoll sind, haben wir vielleicht sogar zwei. Schaltet den Fernseher ein und hört in irgendeine Talkshow rein: arme Babys ohne Ende.

Wir lieben Jesus – blutend und ans Kreuz genagelt. Das ist unser Symbol. Keiner ist an dem Christus interessiert, der auferstanden und in den Himmel aufgefahren ist. Wir wollen *Märtyrer* sein, *Verlierer*; wir wollen nicht erfolgreich sein. Arme Babys, die das arme Baby anbeten. Als der Mensch vor ihm auf die Knie fiel, wurde er zu dem Arschloch, das er heute ist.

Bekenntnisse eines Bewusstheits-Abhängigen

Castaneda ist psychotropen Drogen lange Zeit aus dem Weg gegangen, obwohl sie eine große Rolle bei seiner Initiation in die Welt des Nagual gespielt hatten. Ich fragte ihn, was es damit auf sich hatte.

»Die Tatsache, dass ich ein Mann bin, machte mich sehr starr – mein Montagepunkt war praktisch unbeweglich. Don Juans Zeit lief ab und so griff er zu verzweifelten Maßnahmen.«

»Das ist der Grund, warum er dir Drogen gab? Um deinen Montagepunkt zu verlagern?«

Er nickte. »Aber bei Drogen fehlt die Kontrolle; der Montagepunkt bewegt sich unkontrolliert.«

»Bedeutet das, dass deine Zeit erst kam, als du fähig warst, deinen Montagepunkt selbstständig zu verschieben und ohne die Hilfe von Drogen zu träumen?«

»Genau! Und das war Don Juans Werk. Schau, Don Juan kümmerte sich einen Dreck um ›Carlos Castaneda‹. Er war an jenem anderen Wesen interessiert, dem *Energiekörper* – dem, was die Zauberer den ›Doppelgänger‹ nennen. Und genau diesen wollte er aufwecken. Man benutzt den Doppelgänger zum Träumen, zur Navigation in der zweiten Aufmerksamkeit. Er ist es, der dich zur Freiheit zieht. ›Ich vertraue darauf, dass dein Doppelgänger seine Pflicht erfüllen wird‹, sagte er. ›Und ich werde *alles* für ihn tun – alles, um ihm beim Aufwachen behilflich zu sein.‹ Ich bekam eine Gänsehaut. Diese Leute meinten es ernst. Sie starben nicht, schreiend nach ihren Mamis. Schreiend nach einer Muschi.«

Wir saßen in einem kleinen Café auf dem Gelände des *Santa Monica Airport*. Ich ging zu den hell erleuchteten Toiletten, um mich frisch zu machen und das Gesagte in mich hineinsinken zu lassen. Ich starrte in den Spiegel und dachte über den Doppelgänger nach. Ich erinnerte mich an etwas, das Don Juan in *Die Kunst des Träumens* zu Castaneda gesagt hatte: »Deine Leidenschaft«, sagte er, »ist es, ganz vorbehaltlos und unbedacht loszustürmen, um die Ketten eines anderen zu zerbrechen.«

Auf dem Weg zurück versuchte ich, eine Frage zu formulieren.

»Wie war das – ich meine, das erste Mal, als du deinen Montagepunkt ohne die Hilfe von Drogen verschoben hast?«

Er schwieg für einen Moment, dann bewegte er seinen Kopf von einer Seite zur anderen.

»Lee Marvin hatte eine verdammte Angst!« Er lachte. »Wenn du einmal begonnen hast, die Barrieren der normalen, linearen Wahrnehmung zu durchbrechen, dann glaubst du, dass du *verrückt* bist. Zu dieser Zeit brauchst du den Nagual, einfach nur, um zu lachen. Er lacht deine Ängste weg.«

Die gefiederte Schlange

Ich sah sie gehen – Don Juan und seine Gruppe, eine ganze *Schar* von Zauberern. Sie gingen zu einem Ort, der frei von Menschlichkeit und frei von dem krankhaften Zwang der Anbetung des Menschen ist. Sie verbrannten am Feuer von Innen. Als sie gingen, nahmen sie eine Formation ein, die sie die »gefiederte Schlange« nennen. Sie *verwandelten* sich in Energie; sogar ihre Schuhe. In einer einzigen Geste drehten sie sich ein letztes Mal um, um

einen letzten Blick auf diese exquisite Welt zu tun. Ooooh! Ich bekomme eine Gänsehaut – ich bebe. Eine letzte Drehung ... *nur um einen letzten Blick zu erhaschen*!
Ich hätte mit ihnen gehen können. Als Don Juan ging, sagte er zu mir: »Zu gehen verlangt all meinen Mumm. Ich brauche meinen ganzen Mut, meine ganze Hoffnung – keine Erwartungen. Zurückzubleiben wird dir ebenfalls all deine Hoffnung und all deinen Mut abverlangen.« Ich tat einen wunderbaren Sprung in den Abgrund und erwachte in meinem Büro, in der Nähe von Tiny Naylors. Ich unterbrach damit den Fluss psychischer Kontinuität: Denn, was immer da im Büro aufgewacht war, konnte nicht das »Ich« sein, das ich linear gekannt hatte. Das ist der Grund, warum ich der Nagual bin. Der Nagual ist eine unbedeutende Figur – keine Person. Anstelle des Ego hat er etwas anderes, etwas sehr Altes. Etwas ständig Achtsames, Losgelöstes und unendlich weniger an das Selbst Gebundenes. Ein Mann mit einem Ego wird von psychischen Begierden getrieben. Ein Nagual hat keine. Er erhält seine Befehle aus einer unsagbaren Quelle, die nicht erörtert werden kann. Das ist das endgültige Verständnis: Zu guter Letzt verwandelt sich der Nagual in eine Erzählung, in eine Geschichte. Er kann nicht beleidigt, eifersüchtig oder besitzergreifend sein – er kann gar nichts sein. Aber er kann *Geschichten* über Eifersucht und Leidenschaft erzählen.

Das Einzige, was der Nagual fürchtet, ist »ontologische Traurigkeit«. Das ist keine Nostalgie für die guten alten Zeiten, welche nur ein Ausdruck der Egomanie ist. Ontologische Traurigkeit ist etwas anderes. Es gibt da eine unendliche Kraft, die im Universum existiert, ähnlich wie die Schwerkraft, und der Nagual fühlt sie. Und das ist kein psychischer Zustand. Es ist der Zusammenfluss von Kräften, die sich vereinigen, um dieser armen Mikrobe, die ihr Ego bezwungen hat, eins überzubraten. Man fühlt sie, wenn man keinerlei Bindungen mehr hat. Du siehst sie kommen und dann fühlst du, wie sie die Oberhand gewinnt.

Die Einsamkeit des Langstrecken-Replikanten

Er liebte das Kino, vor 10 000 Jahren. Damals, zu Zeiten der langen Kinonächte im Vista, oben in Hollywood; damals, als er das Kriterium dafür lernte, tot zu sein. Er geht nicht mehr ins Kino, aber die Hexen tun es immer noch. Es ist eine Ablenkung von ihren ausgeflippten, epischen Aktivitäten – eine Art von Safersex-Träumen. Aber nicht wirklich.

»Weißt du, es gibt da eine Szene in *Blade Runner*, die uns wirklich gepackt hat. Der Autor weiß zwar nicht, was er sagt, aber er hat etwas ganz Bestimmtes getroffen. Zum Ende des Filmes hin spricht der *Replikant*: ›Meine Augen haben unvorstellbare Dinge gesehen.‹ Dann redet er über die Sternenkonstellationen – ›Ich habe Kampfschiffe vor Orion gesehen‹ – Unsinn, Hirnverbranntheiten. In unseren

Augen war das der einzige Mangel und das, weil der Autor *überhaupt nichts* gesehen hat. Aber dann wird der Monolog wunderschön. Es regnet und der Replikant sagt: ›Was, wenn all diese Augenblicke sich in der Zeit verlieren ... *wie Tränen im Regen?*‹

Das ist eine sehr ernste Frage für uns. Sie mögen nur Tränen im Regen sein – ja. Aber man gibt sein Bestes, Sir! Du gibst dein Bestes und wenn dein Bestes nicht gut genug ist, dann *scheiß* drauf. Wenn dein Bestes nicht gut genug ist, dann *scheiß auf Gott*.«

Fußnote für Feministinnen

Bevor ich ihn ein letztes Mal traf, war ein Frühstück mit der mysteriösen Carol Tiggs vorgesehen. Zwanzig Jahre zuvor war sie zusammen mit Juan Matus und seinem Trupp in das Unbekannte hinein*gesprungen*. Unvorstellbarerweise war sie zurückgekehrt und hatte damit auf irgendeine Art und Weise eine echte Zauberer-Tournee ausgelöst. Ich fühlte mich mehr und mehr unwohl angesichts unserer anstehenden Verabredung. Und jedes Mal, wenn die große Frage näher rückte (»Wo zum Teufel bist du die ganzen zehn Jahre lang gewesen?«), *verschwand* sie auch wieder. Ich fühlte mich, als sei ich in die Spurrillen geraten; Carol Tiggs winkte mir aus ihrem Zimmer heraus zu.

In einem dualistischen Universum sind Tiggs und Castaneda energetische Gegenstücke. Aber in der Welt sind sie nicht als Mann und Frau zusammen. Sie haben »doppelte« Energie; für einen *Seher* erscheinen ihre Energiekörper daher als zwei leuchtende Eier anstelle von einem. Das macht sie jedoch nicht »besser« als Donner-Grau oder Abelar oder sonst irgendjemand – im Gegenteil. Es gab ihnen einen Faible dafür, wie Juan Matus einmal gesagt hatte, »doppelte Arschlöcher« zu sein. Bis zum jetzigen Zeitpunkt hatte Carlos Castaneda immer ausschließlich über Don Juans Welt geschrieben, nie über seine eigene. Aber *Die Kunst des Träumens* ist durchtränkt mit Carol Tiggs dunkler, fremdartiger Gegenwart und voll von haarsträubenden Berichten über ihre Exkursionen in die zweite Aufmerksamkeit, einschließlich der überstürzten Rettung eines »empfindenden Wesens aus einer anderen Dimension«, das die Form eines knochigen Mädchens mit stahlblauen Augen annimmt und das »der blaue Scout« genannt wird.

Ich wollte gerade gehen, als das Telefon klingelte. Ich war mir sicher, dass es Carol Tiggs war, die anrief, um abzusagen. Es war Donner-Grau.

Ich erzählte ihr einen Traum, den ich an diesem Morgen gehabt hatte. Ich war darin mit Castaneda in einem Geschenkeladen gewesen, der den Namen »Pfad des Coyoten« trug. Das berührte sie überhaupt nicht! Sie sagte, normale Träume seien lediglich »bedeutungslose Akte der Selbstbefriedigung«. Grausame, herzlose Hexe.

»Ich wollte noch etwas hinzufügen. Die Leute sagen: ›Hier legst du deinen Feminismus wohl beiseite ... der »Führer« dieser Gruppe war Juan Matus und der neue Nagual ist Carlos Castaneda – warum sind es immer Männer?‹ Nun, der Grund, warum diese Männer ›Führer‹ waren, hatte etwas mit *Energie* zu tun – sie waren es nicht etwa, weil sie mehr gewusst hätten oder ›besser‹ gewesem wären. Schau, das Universum ist in Wirklichkeit *weiblich*; der Mann wird verwöhnt, weil er einzigartig *ist*. Carlos führt uns, nicht in dem, was wir in der Welt tun, sondern im *Träumen*.

Don Juan hatte eine fürchterliche Redewendung. Er pflegte zu sagen, dass Frauen ›gesprungene Fotzen‹ seien – das meinte er jedoch nicht abschätzig. Es ist eine *präzise* Beschreibung, weil wir tatsächlich einen ›Sprung‹ haben, der uns das *Träumen* ermöglicht. Männer sind durch und durch starr. Aber Frauen haben keine Nüchternheit, keine Struktur, keinen *Zusammenhang*; in der Zauberei sind das die Eigenschaften, die der Mann bereitstellt. Die Feministinnen geraten in Wut, wenn ich sage, dass Frauen von Natur aus *selbstgefällig* sind, aber es ist wahr! Das liegt daran, dass wir *Wissen direkt empfangen*. Wir müssen nicht erst endlos darüber reden – das ist der männliche Prozess.

Wisst ihr, was der Nagual ist? Der Mythos des Nagual? Dass da unbegrenzte Möglichkeiten für uns alle liegen, etwas anderes zu sein, als das, was wir sein sollten? Ihr müsst nicht dem Weg eurer Eltern folgen. Ob ich dabei erfolgreich sein werde oder nicht, ist dabei ohne jede Bedeutung.«

Nur für deine Augen

Gerade als ich den Hörer aufgelegt hatte, klingelte das Telefon wieder. Carol Tiggs rief an, um abzusagen. Ich erwartete, dass ich mich erleichtert fühlen würde, aber es deprimierte mich nur noch mehr.

Ich hatte mit Leuten gesprochen, die sie auf ihren Seminaren in Maui und Arizona gesehen hatten. Sie hatten gesagt, dass sie großartig gewesen sei, dass sie den Saal wie eine Alleinunterhalterin unter Kontrolle gebracht hatte und dass sie eine tolle Elvis-Parodie vorführte. »Es tut mir Leid, dass wir uns nicht treffen können«, sagte sie. Zumindest klang sie dabei aufrichtig. »Ich hatte mich schon darauf gefreut.«

»Ist schon okay. Ich werde dich schon noch mal auf einem deiner Seminare erwischen.«

»Oh, ich denke, dass wir so etwas in nächster Zeit nicht mehr machen werden.« Sie machte eine Pause. »Aber ich habe etwas für dich.«

»Sind es die Blitze, die aus deinen Titten schießen?«

Sie zögerte einen Augenblick und brach dann in ein schallendes Gelächter aus.

»Etwas wesentlich Dramatischeres.« Ich spürte ein Ziehen in meiner Magengrube. »Du weißt, man sagt immer wieder, dass die Menschen diese Spaltung zwischen Körper und Seele haben – dieses Ungleichgewicht, dieses ›Körper-Seele-Problem‹. Aber der wahre Dualismus besteht zwischen dem *physischen Körper* und dem *Energiekörper*. Wir sterben, ohne jemals jenen magischen Doppelgänger geweckt zu haben, und dafür *hasst* er uns. Er hasst uns so sehr, dass er uns unter Umständen sogar töten kann. Das ist das ganze ›Geheimnis‹ der Zauberei: den Doppelgänger für den abstrakten Flug zugänglich zu machen. Zauberer springen mit ihren Energiekörpern in die Leere der reinen Wahrnehmung.«

Eine weitere Pause. Ich fragte mich, ob das bereits

alles war, was sie sagen wollte. Ich war drauf und dran zu sprechen, aber irgendetwas hielt meine Worte in Schach.

»Es gibt da ein Lied, das Don Juan sehr schön fand – er sagte, der Lyriker habe es *beinahe* richtig gemacht. Don Juan ersetzte ein Wort, um das Lied zu vollenden. Er setzte dort *Freiheit* ein, wo der Autor des Liedes das Wort *Liebe* gewählt hatte.«

Dann begann eine geradezu gespenstische Rezitation:

> *You only live twice*
> *Or so it seems.*
> *One life for yourself*
> *And one for your dreams.*
> *You drift through the years*
> *And life seems tame.*
> *'Til one dream appears*
> *And Freedom is its name.*
> *And Freedom's a stranger*
> *Who'll beckon you on*
> *Don't think of the danger*
> *Or the stranger is gone.*
> *This dream is for you*
> *So pay the price.*
> *Make one dream come true ...**

(Du lebst nur zweimal
Anders scheint's kaum.
Ein Leben für dich

---

* Aus »You Only Live Twice«; 1967. Musik von John Barry; Text von Leslie Bricusse.

Und eins für den Traum.
Du treibst durch die Jahre
Und das Leben scheint zahm
Bis ein Traum erscheint
Und Freiheit sein Nam'.
Freiheit ist ein Fremder
Der dich hinüberzieht
Denk nicht an Gefahr
Oder der Fremde dich flieht.
Dieser Traum ist für dich
So bezahle den Preis.
Mach den einen Traum zur Wirklichkeit ...)

Sie schwieg für einen Moment.

Dann sagte sie: »Ich wünsche dir süße Träume«, parodierte das gackernde Lachen einer Hexe – und legte auf.

Das Jucken des Nagual

Als die Tage kühler wurden, war es einfacher geworden, Bedauern zu empfinden – Bedauern über alles Mögliche, sogar über Prozac. *Was ist, wenn sich herausstellt, dass Castaneda überhaupt nichts erfindet? Wenn das wahr ist, dann seid ihr in einer verdammt schlechten Lage.*

Wir trafen uns ein allerletztes Mal an einem kalten Tag am Strand, direkt am Pier. Er sagte, er könne nicht lange bleiben. Es tat ihm Leid, dass es mir nicht möglich gewesen war, Carol Tiggs zu treffen. Ein anderes Mal würde es bestimmt klappen. Und ich fühlte mich wie ein armes, kleines Baby – *verdammt, ich wollte doch nur geliebt werden*. Ich hatte Angst wie Lee Marvin; ich war Rutger

Hauer mit der Sammelbüchse; ein kreischender Jesus auf der Miracle Mile.

Und Jesus blickte auf all die Leute herab und sprach: Ich bin so gelangweilt.

Wir setzten uns auf eine der Bänke am Kliff. Ich wollte ihn ganz für mich haben, und sei es nur für einen Augenblick.

»Erzähle mir, wann du das letzte Mal Nostalgie empfunden hast.«

Er antwortete, ohne zu zögern. »Als ich Lebewohl zu meinem Großvater sagen musste. Da war er jedoch schon lange tot. Don Juan hatte mir erklärt, dass es an der Zeit sei, Lebewohl zu sagen: Ich bereitete mich auf eine lange Reise vor, eine Reise ohne Wiederkehr. Du musst Lebewohl sagen, sagte er, weil *du niemals zurückkehren wirst*. Ich zauberte mein Großvater vor mich hin – *sah* ihn in allen Einzelheiten. Eine totale Vision von ihm. Er hatte ›tanzende Augen‹. Don Juan sagte: ›Lass dein Lebewohl endgültig sein.‹ Oh, was für eine Qual! Es war Zeit, das Banner fallen zu lassen, und das tat ich. Mein Großvater verwandelte sich in eine Geschichte. Ich habe sie schon tausend Mal erzählt.«

Wir gingen zu seinem Wagen.

»Ich fühle ein Jucken im Solarplexus – sehr aufregend. Ich erinnere mich daran, dass Don Juan dies spürte, aber ich verstand nicht, was es bedeutete. Es bedeutet, dass die Zeit zu gehen näher rückt.« Er erschauderte vor Freude. »Das ist vorzüglich!«

Als er davonfuhr, rief er mir aus dem Wagenfenster zu: *Lebewohl, illustrer Gentleman!*

Das Verlöschen der Lichter

Ich hörte von einer Lesung in San Francisco. Und obwohl ich mit meinem Bericht bereits fertig war, entschied ich mich hinzufahren. Um die Flasche zu verkorken, sozusagen.

Der Hörsaal befand sich in einem Industriepark in Silicon Valley. Sein Flugzeug hatte Verspätung und als er endlich kam, war die Halle bereits brechend voll. Mit gewandten Worten sprach er drei Stunden lang ohne Unterbrechung. Fragen beantwortete er mit Anregungen, Bitten und Abwehr. Niemand bewegte sich.

Zum Schluss sprach er über das Töten des Ego. Don Juan hatte eine Metapher: »›Die Lichter verlöschen, die Musiker packen ihre Instrumente ein. Die Zeit zum Tanzen ist vorbei: *Es ist Zeit zu sterben.*‹ Juan Matus sagte, es gebe endlos viel Zeit *und doch hätten wir überhaupt keine Zeit* – dieser Widerspruch ist *Zauberei*. Lebe sie! Lebe sie auf *großartige* Weise.«

Ein junger Mann erhob sich aus dem Publikum. »Aber wie können wir das schaffen, ohne jemanden wie Don Juan? Wie können wir das tun, ohne uns *anzuschließen* an ...«

»Niemand ›schließt sich uns an‹. *Es gibt keine Gurus.* Du brauchst Don Juan nicht«, sagte er mit Nachdruck. »*Ich* brauchte ihn – damit ich es *dir* erklären kann. Wenn du Freiheit willst, brauchst du *Entschlossenheit*. Wir benötigen *Masse* in der Welt; wir wollen keine ›Onanisten‹ sein. Wenn du rekapitulierst, wirst du Energie ansammeln – und *wir werden dich finden*. Aber dazu brauchst du eine *Menge* Energie. Und dafür musst du so hart arbeiten, dass dir die *Eier* abfallen. Also, enthalte dich deines Urteils und ergreife die Chance. *Tue* es.

Don Juan pflegte zu sagen: ›Einer von uns beiden ist ein Arschloch. Und ich bin es nicht.‹« Er machte eine kurze Pause. »Und um dir genau *das* zu sagen, bin ich heute hierher gekommen.«

Das Publikum brüllte vor Lachen und erhob sich in einem gewaltigen Applaus, während Castaneda den Saal durch die Hintertür verließ.

Ich wollte hinter ihm her rennen und schreien: *Bitte, liebe mich!* Das wäre immerhin für einen weiteren Lacher gut gewesen. Aber ich hatte meine Sammelbüchse vergessen.

Ich balancierte in der Dunkelheit auf der Mauer des Teiches. Eine leichte Brise wehte vertrocknete Blätter an seine Begrenzung heran. Eines unserer Gespräche tauchte wieder in mir auf – er hatte über die Liebe gesprochen. Ich hörte seine Stimme und stellte mir vor, dass ich in dem Zimmer stand und mich langsam umdrehte, um die Worte auf mich zukommen zu lassen ...

»Ich verliebte mich, als ich neun Jahre alt war. Wahrhaftig, ich hatte mein anderes Selbst gefunden. *Wahrhaftig*. Aber es war mir nicht bestimmt gewesen. Don Juan erklärte mir, dass ich in diesem Fall statisch und unbeweglich geworden wäre. Meine Bestimmung aber war *Dynamik*.

Eines Tages zog die Liebe meines Lebens – dieses neunjährige Mädchen – fort. Meine Großmutter sagte: ›Sei kein Feigling! Geh ihr hinterher!‹ Ich liebte meine Großmutter, hatte es ihr jedoch nie gesagt, weil ich mich für sie schämte – sie hatte einen Sprachfehler. Sie nannte mich immer ›Afor‹ statt ›Amor‹. In Wirklichkeit hatte sie nur einen ausländischen Akzent, aber ich war einfach noch zu jung, um das zu begreifen.

Meine Großmutter gab mir ein Bündel mit Münzen in die Hand. ›Geh und hole sie dir! Wir verstecken sie, und ich werde sie großziehen!‹ Ich nahm das Geld und wollte losgehen. Genau in diesem Augenblick flüsterte der Liebhaber meiner Großmutter ihr etwas ins Ohr. Sie drehte sich zu mir und schaute mich mit einem leeren Blick an. ›Afor‹, sagte sie, ›Afor, mein allerliebster Schatz ...‹ Und sie nahm mir das Geld wieder weg. ›Es tut mir sehr Leid, uns bleibt einfach keine Zeit mehr.‹ Und ich vergaß die ganze Angelegenheit – es brauchte die Hilfe von Don Juan, um alles Jahre später wieder hervorzuholen.

Es lässt mich einfach nicht los. Wenn ich das Jucken spüre – und es schon fünf vor zwölf ist –, bekomme ich eine Gänsehaut! Ich zittere, bis zum heutigen Tag!

›Afor ... mein *Schatz*. Uns bleibt einfach keine Zeit mehr.‹«

Teil III

Die Kunst Des Träumens

Einführung des Herausgebers

Als Autorin der Bestseller *Shabono* und *Die Lehren der Hexe* verdiente sich Florinda Donner-Grau ihre ersten literarischen Meriten. Bei beiden Büchern fiel bereits auf, dass der sonst anderen Autoren gegenüber indifferente Castaneda wohlwollende Kommentare und ein begeistertes Vorwort beisteuerte. Es war klar, dass Donner-Grau zum engsten Kreis um Castaneda und zu den Schülern des legendären Zauberers Don Juan gehörte, aber erst mit ihrem dritten und bislang letzten Buch *Der Pfad des Träumens* legte sie erstmals Zeugnis über ihre eigene Initiation in die Welt der toltekischen Zauberer und über ihre Lehrzeit bei Don Juan und seinen Gefährtinnen ab.

Als sie ihr neues Werk vorstellte, gewährte Florinda Donner-Grau einer Hand voll Menschen die Gelegenheit, sie zu interviewen, und so entstand auch das folgende Gespräch, das zu den aufschlussreichsten gehört, die bislang veröffentlicht wurden. Alexander Blair-Ewart ist es gelungen, in einen flüssigen Dialog mit Donner-Grau zu treten, und er stellt genau die Fragen, die auch die Leser von *Der Pfad des Träumens* und den anderen Werken der Zauberer und Hexen um Castaneda bewegen.

Anders als die Autoren der vorhergehenden Texte, die ihre Gespräche literarisch aufbereitet haben, wählt Blair-Ewart die Form des klassischen Interviews, in der sich Fragen und Antworten abwechseln. Auf diese Weise gelingt es ihm, sich auf das Wesentliche zu konzentrieren –

die Aspekte der Lehre, die Donner-Grau vertritt, und die Aspekte, die in den Büchern zu kurz kommen oder nicht allgemein verständlich ausgearbeitet wurden.

So ist ein Dokument entstanden, das nicht nur hervorragend in Florinda Donner-Graus Spezialgebiet, die Kunst des Träumens, einführt, sondern darüber hinaus die Rolle der neuen Zauberer in unserer modernen Welt und die Bedeutung der Lehren des Don Juan für die heutige Gesellschaft beleuchtet. Ganz zentral ist dabei der Aspekt weiblicher Weisheit, der in der Welt der Zauberer eine führende Rolle einnimmt und auch in unserer heutigen Zeit dringend benötigt wird, wenn wir als Spezies überleben wollen.

Die Kunst des Träumens

Ein Gespräch mit Florinda Donner-Grau
von Alexander Blair-Ewart

Alexander Blair-Ewart: Du beschreibst zu Anfang deines Buches, wie du in einen lebendigen Mythos hineingezogen wurdest. Kannst du uns mehr über diesen Mythos erzählen?

Florinda Donner-Grau: Es ist eben ein lebender Mythos. Nun gut, der Mythos des Nagual ist zwar ein Mythos wie jeder andere auch, aber er ist ein Mythos, der wieder und wieder durchlebt wird. Dazu muss man wissen, dass der Mythos, der für uns maßgeblich ist, vom Nagual handelt, der seinen Trupp von Leuten – Lehrlinge und Zauberer – leitet. Übrigens bin ich gar kein Lehrling von Don Juan gewesen. Ich war Lehrling von Castaneda, der selbst wiederum ein Lehrling von Don Juan war. Und ich bin eine der »Schwestern«, der Frauen um Florinda Grau, die mir auch ihren Namen gegeben hat. In diesem Sinne handelt es sich also um einen Mythos, der wirklich existiert. Es hat sie übrigens nie gestört, dass ich sie Hexen nannte. Für sie hatte dieser Begriff keinen negativen Beigeschmack. Aber aus dem Blickwinkel der westlichen Welt hat die Vorstellung von einem *brujo* oder einer Hexe immer negative Assoziationen zur Folge. Das interessierte die Zauberer um Don Juan nicht im geringsten, weil für sie die abstrakte Qualität der Zauberei von vornherein jede positive oder negative Assoziation ausschloss. Auf einer gewissen Ebene sind wir alle Affen, aber wir haben da noch diese andere, magische Seite. Und in diesem Sinne leben wir einen Mythos.

Der Mythos des Nagual besagt aber doch auch, dass es eine ununterbrochene Linie der Tradition gibt, die sich, ausgehend von den vorzeitlichen Tolteken, bis in die heutige Zeit fortsetzt. Ich frage mich schon die ganze Zeit, ob ich dich nicht irgendwie dazu bewegen kann, mir etwas über das grundlegende Schema des Mythos zu verraten.
Nun, es gibt da kein grundlegendes Schema. Das ist auch der Grund dafür, warum diese ganze Angelegenheit so verwirrend und schwierig ist. Als ich anfangs mit diesen Leuten zu tun hatte, ging mein ganzes Streben – oder besser gesagt, meine ganze »Verwirrung«, wie ich es später nannte – in die Richtung, dass ich von ihnen Regeln und Bestimmungen darüber erhalten wollte, was zum Teufel ich eigentlich tun sollte. Aber es gab da keine Regeln. Es gibt keine Blaupausen. Und das, weil jede neue Gruppe ihren eigenen Weg finden muss, die Idee vom Durchbrechen der Wahrnehmungsbarrieren auf ihre Weise zu handhaben. Die Grundvoraussetzung für das Durchbrechen der Barrieren unserer Wahrnehmung ist laut Don Juan, dass man genügend Energie dazu haben muss. Aber all unsere Energie ist bereits in der Alltagswelt im Einsatz, um die Idee des Selbst – was wir sind, was wir darstellen wollen und wie andere Menschen uns wahrnehmen – aufrechtzuerhalten. Und da, wie Don Juan zu sagen pflegte, bereits neunzig Prozent unserer Energie in diesem Tun ge-

bunden sind, kann einfach nichts Neues zu uns kommen. Uns stehen keine Alternativen offen, weil wir, egal wie selbstlos bzw. »egolos« wir sind oder vorgeben zu sein, es letztlich doch nicht sind. Selbst so genannte »Erleuchtete« oder die Gurus, die ich getroffen habe, machen da keine Ausnahme. Es hat eine Zeit gegeben, da ist Carlos mit mir zusammen um die Welt gereist, um möglichst viele Gurus zu treffen, und wir haben festgestellt, dass das Ego dieser Leute meist geradezu gigantisch war – vor allem in der Hinsicht, wie sie von der Welt wahrgenommen werden wollten. Und das ist laut Don Juan genau das, was uns umbringt. Nichts ist uns dann mehr offen.

Also kümmert sich ein echter Nagual oder Seher nicht darum, wie die Welt ihn oder sie wahrnimmt – oder tun sie das doch?
Nein, das tun sie nicht. Aber sie müssen immer noch darum kämpfen. Castaneda kämpft damit immerhin schon über dreißig Jahre. Und ich bin jetzt bereits über zwanzig Jahre lang dabei und kämpfe immer noch. Es ist einfach kein Ende in Sicht.

Ist das die wahre Natur der Schlacht, in der ihr kämpft? Ich benutze diesen Ausdruck, weil ihr die Sprache der Krieger sprecht. Was ist die wahre Natur der Schlacht? Was bekämpft ihr?
Das Selbst.

Das Selbst.
Es ist eigentlich nicht mal das Selbst, das wir bekämpfen;

es ist unsere Vorstellung vom Selbst. Denn wenn wir wirklich das Selbst unter der Oberfläche erreichen würden, müssten wir feststellen, dass wir tatsächlich keine Ahnung davon haben, was es ist. Und es ist wirklich möglich, diese Idee, diese übertriebene Vorstellung, die wir von unserem Selbst haben, einzuschränken. Es spielt dabei übrigens keine Rolle, ob die übersteigerte Selbstvorstellung positiver oder negativer Natur ist. Die Energie, die eingesetzt wird, um diese Vorstellung aufrechtzuerhalten, ist in jedem Fall die gleiche.

Also liegt in eurer Tradition ein wesentlicher Schwerpunkt darauf, das zu überwinden, was ihr die eigene Wichtigkeit nennt.
Die eigene Wichtigkeit, genau. Sie ist der Hauptfeind im Kampf aller Krieger. Und es geht dabei letztlich darum, den inneren Dialog abzustellen. Denn selbst wenn wir uns irgendwo an einem einsamen Ort isolieren, sprechen wir doch immer noch ständig mit uns selbst. Dieser innere Dialog hört niemals auf. Und was genau macht er, der innere Dialog? Er rechtfertigt sich andauernd selbst, egal womit. Wir spielen Situationen und Ereignisse nach, fragen uns, was wir hätten sagen oder tun können, was wir fühlen oder nicht fühlen. Und die Betonung liegt dabei ständig auf »ich«. Wir rasseln ständig dieses Mantra runter – »ich ... mein ... mich ...« – entweder laut oder eben in Gedanken.

Also tut sich eine Öffnung auf, wenn ...
... der innere Dialog verstummt. Ganz automatisch. Wir

müssen gar nichts tun, um das zu erreichen. Und das ist auch einer der Gründe, warum Leute Castanedas Arbeiten als Fiktion zurückweisen: weil es zu einfach ist. Aber gerade diese Einfachheit macht es für uns zur härtesten Aufgabe, die wir zu bewältigen haben. Einschließlich mir selbst sind wir sechs Leute in unserer Welt, die alle dasselbe Streben teilen. Und die Schwierigkeit, mit der wir alle zu kämpfen haben, ist, den inneren Dialog vollständig zum Verstummen zu bringen. Es funktioniert vorzüglich, solange wir uns nicht bedroht fühlen. Aber wenn bestimmte Knöpfe gedrückt werden, zeigt sich immer wieder, wie tief unsere Reaktionen in uns verwurzelt sind und wie leicht es ist, einfach auf Autopilot zu schalten. Laut Don Juan gibt es nur eine Übung großen Maßstabs, die als Gegenmittel dienen kann – die Rekapitulation. Die Grundidee dabei ist es, sein ganzes Leben von Grund auf zu rekapitulieren und mithin wiederzuerleben.

Und damit ist keine psychische Rekapitulation gemeint. Worum es letztlich geht, ist, dass du mit Hilfe der Rekapitulation all die Energie zurückholst, die du im Laufe deines Lebens in all den Interaktionen mit anderen verloren hast. Dabei beginnst du mit dem gegenwärtigen Augenblick und gehst rückwärts in die Zeit. Und wenn du eine wirklich gründliche Rekapitulation abgelegt hast, wirst du feststellen, dass du bereits im Alter von drei oder vier Jahren all deine Reaktionsmuster erlernt hattest. Wir werden gebildeter und können diese natürlich besser verstecken, aber die Grundmuster all unserer Interaktionen mit der Welt und unseren Mitmenschen sind bereits unumstößlich fest etablierte Bestandteile unseres Lebens geworden.

Wenn ich euch richtig verstehe, dann zeichnet ihr das Bild oder, besser gesagt, entwickelt ihr das Bewusstsein einer neuen Art Mensch, der sich auf einer parallelen Linie zur Welt des Tonal, der Welt der sozialen Person bewegt. Und diese andere Welt – oder die Öffnung zu ihr – ist etwas, das anscheinend immer schon vorhanden war.
Ja, sie ist stets vorhanden. Und sie ist für alle zugänglich. Aber niemand will sie erschließen. Manche Leute mögen sogar denken, dass sie sie erschließen wollen, aber wie Don Juan richtig festgestellt hat, sind solche Sucher schon in andere Bestrebungen verstrickt, weil eine Person, die sucht, bereits weiß, was sie sucht. Dies ist auch dann der Fall, wenn die Person bewusst nicht zu wissen scheint, was das Gesuchte ist.

Ja, das ist klar.
Deshalb sind auch so viele »Sucher«, die zu Castaneda kommen, enttäuscht von ihm. Denn wenn er zu ihnen spricht, haben sie sich bereits längst genau ausgemalt, wie die Dinge sein sollten. Und sie sind nicht offen. Selbst wenn sie zuhören, sind sie für nichts mehr offen, weil sie bereits wissen, wie es sein sollte, und weil sie bereits wissen, was sie suchen.

Deshalb bin auch ich nicht an irgendeiner therapeutischen Arbeit am Selbst interessiert. Ich interessiere mich für Selbstverwirklichung, aber nicht für therapeutische Arbeit. Und ich mache mir keine Sorgen darum, ob das, was ich in der Rekapitulation finden werde, etwas Hübsches, Spirituelles oder Akzeptables ist, weil ich genau

weiß, dass sie genauso Elemente des Wahnsinns enthalten wird wie alles andere auch.
Exakt.

Aber das ist eine sehr beunruhigende Vorstellung für die meisten Leute.
Ja, das ist sie ganz bestimmt. Du weißt, wir sind der Überzeugung, dass wir vor allem anderen energetische Wesen sind. Don Juan sagte, dass alles davon abhängt, wie viel Energie wir zu unserer Verfügung haben. Unsere Kraft zu kämpfen erfordert eine enorme Menge an Energie; dies gilt auch für die Kraft, die wir benötigen, um die Vorstellung des Selbst zu bekämpfen. Und da wählen wir immer wieder den leichtesten Weg. Wir greifen auf das zurück, was wir bereits kennen. Selbst wir tun das, wo wir doch schon solange in diesen Kampf verwickelt sind. Es ist eben viel leichter zu sagen: »Ach, zum Teufel damit, was geht mich das an; dann lass ich mich eben mal ein bisschen gehen.« Aber das Schlimme ist, dass dieses kleine bisschen Sichgehenlassen dich direkt wieder an den Anfangspunkt zurückbefördert.

Mit einer Ausnahme, Florinda, die wir beide kennen: wenn man einmal einen bestimmten Punkt überschritten hat, wenn man die innere Stille tatsächlich erreicht hat, und sei es nur für einen Moment, dann, so glaube ich, kann man diesen Prozess ...
... nicht mehr umkehren. Richtig. Aber um diesen Augenblick der Stille zu erreichen, brauchst du Energie. Wenn du die einmal hast, kannst du den inneren Dialog anhal-

ten. Genau das ist es, was Don Juan einen kurzen Augenblick der Stille oder auch den Kubikzentimeter Chance genannt hat. Wenn du diesen packen kannst, verstummt der innere Dialog augenblicklich.

Und wenn dies einmal geschehen ist, wirst du nie mehr derselbe sein.
Ganz genau.

Und es kann dir passieren, dass du auf deine alten Pfade zurückkehren willst, um dich dem Sichgehenlassen hinzugeben, aber du stellst nur fest, dass es dich nicht mehr befriedigt.
Genauso ist es. Du kannst nicht wirklich zurückkehren. Du findest keine Befriedigung mehr in den alten Gewohnheiten. Das ist vollkommen korrekt. Ich denke, dass, wenn wir wirklich an diesen Punkt gelangen ... nein, lass es mich anders formulieren: dass, wenn eine kritische Masse von Menschen zu diesem Gefühl oder Wissen gelangt, wir die Zustände in unserer Welt ändern können. Der Grund, warum sich nichts ändert, ist, dass wir als Einzelne nicht bereit sind, uns selbst zu ändern, egal ob es sich um politische Dogmen, ökonomische oder soziale Fragen oder was auch immer handelt. Schau dir doch nur mal an, was wir zur Zeit in Zusammenhang mit den Regenwäldern und der Umwelt für einen Aufruhr machen. Wie können wir von jemand anderem erwarten, dass er sich gefälligst zu verändern habe, wenn wir selbst nicht dazu bereit sind, uns zu ändern. Und die Veränderungen, die allgemein angestrebt werden, sind ein einziger Schwindel; es handelt

sich dabei lediglich um Umstrukturierungen und Neuordnungen derselben alten Bestandteile, aber es ist keine wirkliche Veränderung. Im Grunde sind wir räuberische Wesen. Das hat sich in uns nicht verändert. Und wir könnten diese räuberische Energie – anstatt zur Vernichtung – dazu einsetzen, unseren Kurs zu ändern, aber wir sind nun eben mal nicht bereit, uns selbst zu ändern.

Ich möchte jetzt noch einmal auf den Mythos zurückkommen. Dort wird der einzelne Seher und auch der Nagual von der Vorsehung, dem Unbekannten, dem Unsagbaren ausgewählt.
Das ist das richtige Wort. Carlos ist im energetischen Sinne »angeschlossen« worden. Aber unsere energetische Konfiguration ist nicht die gleiche wie in Don Juans Trupp; und das liegt daran, dass manche Menschen im energetischen Sinne grundsätzlich verschieden sind. Carlos ist ein so genannter »dreizackiger Nagual«, während Don Juan ein »vierzackiger Nagual« war. Aber was ist es, was sie zum Nagual, zum Anführer macht? Vor allem die Tatsache, dass sie über mehr Energie verfügen als der Rest der Gruppe. Seltsam ist allerdings etwas anderes: Warum zum Teufel sind immer wieder Männer die Naguals? Wir haben zwar auch Nagual-Frauen in unserer Linie, aber die Männer hatten immer das größere Energiepotenzial, zumindest diejenigen, die bislang ausgewählt wurden. Das macht sie jedoch noch lange nicht zu etwas Besseren als den Rest der Gruppe. In Don Juans Welt gab es Leute, die unendlich viel spiritueller, besser vorbereitet und kenntnisreicher waren als er selbst, aber das machte

keinen Unterschied. Es geht letztlich nicht darum, dass der Nagual besser oder schlechter in irgendwelchen Eigenschaften oder Fähigkeiten ist. Es geht nur darum, dass er die spezielle Energie hat, die ihn zum Anführer macht.

Aber er kann diese Energie doch auch auf andere Leute übertragen, um ihnen einen energetischen Anstoß zu geben.
Wir zapfen diese Energie an, ja. Aber es ist nicht so, dass du diese Energie im wörtlichen Sinne bekommst. Die Energie des Nagual dient ihm und uns unter anderem dazu, nicht dem zu verfallen, was immer uns die Welt auch anbieten mag. Ein Beispiel, um das zu verdeutlichen: Während der langen Zeit, die ich mit Castaneda verbracht habe, sind ihm unglaubliche weltliche Reichtümer und Vorzüge angeboten worden. Aber er ist nie von seinem Weg abgewichen. Ich persönlich könnte nicht guten Gewissens behaupten, dass ich, wenn ich für so viele Jahre in seiner Position gewesen wäre, so makellos und standhaft geblieben wäre. Ich fühle mich verpflichtet, das hier auf diese Weise öffentlich anzuerkennen, weil der Versuch, bestimmte Dinge zu verbergen, das Schlimmste ist, was wir überhaupt nur tun können. Und ich fühle mich ebenso verpflichtet, Castanedas Makellosigkeit zu bezeugen; ich will damit sagen, es sind ihm unbeschreibliche weltliche Güter angeboten worden, die er jedoch stets abgelehnt hat. Und dazu braucht man Energie. Das ist der Punkt, an dem die Energie ins Spiel kommt, und der Punkt, an dem man den Nagual als Führer der Gruppe braucht, um einem zu sagen, wo es langgeht. Wenn in

solch einer Situation jemand in der Position des Nagual wäre, der nicht die entsprechende Energie hat – er würde der Versuchung sicher erliegen und im Sinne seines eigentlichen Strebens scheitern.

Aber kann denn ein Nagual nicht der Versuchung nur vorläufig oder zeitweilig erliegen und dann wieder auf seinen wahren Weg zurückkehren?
Nein. Keine Chance.

Wie kommt das?
Um das zu erklären, muss ich wieder auf den Mythos zurückgreifen. Der Vogel der Freiheit fliegt immer nur in einer geraden Linie. Weder hält er für dich an, noch wird er sich umdrehen, um ein zweites Mal an dir vorbeizufliegen. Eine winzige Möglichkeit, die dir bleibt, ist, dir selbst zu sagen, dass du dann eben schneller hinter ihm herlaufen musst, um dein Ziel vielleicht doch noch zu erreichen. Was das bedeutet? Es ist natürlich eine Metapher.

Also arbeitet der Nagual daran, auf unterschiedliche Weise die vollständige Entfaltung des Mythos zu gewährleisten.
Don Juan hatte mehr Leute, die hinter ihm standen und ihn unterstützten. Energetisch gesehen hatte er eine größere Masse, was ihn dazu befähigte, dich praktisch in jede beliebige Situation hineinzuziehen und dich so ganz nach seinem Gutdünken an einen bestimmten Platz zu befördern. Carlos macht das nicht so. Ganz gleich, mit welchen Leuten er auch arbeitet – zur Zeit sind wir sechs –, für ihn

ist alles immer eine Frage der Entscheidung des Einzelnen. Und das ist alles. Unsere Entscheidung ist alles, was zählt, und andere Bedingungen gibt es nicht. Er redet uns weder ins Gewissen, noch bettelt er uns an; und er schreibt uns auch nicht vor, was wir zu tun oder zu lassen haben. Wir müssen selbst wissen, was wir wollen. Er würde nie etwas tun, um uns zu zwingen, auf diesem Weg zu bleiben.

Unterschiedliche Naguals, unterschiedliche Vorgehensweisen. Das leuchtet ein. Ich habe gehört, dass Carlos Castaneda von verschiedenen Leuten als »Nagual der Pirscher« bezeichnet wurde. Ist das tatsächlich so?
Ja, schon, aber ich würde sagen ... ich weiß nicht. Er ist ein *Träumer*.

Richtig, das wird auch irgendwo erwähnt.
Ja, und was ist das, diese Idee vom Träumen; diese Idee, gleichzeitig zu träumen und doch vollkommen wach und bewusst zu sein. Es ist ein anderer Zustand des Bewusstseins. Und du bist dabei weder ausgeflippt noch auf irgendeinem Trip. Nein, du bist vollkommen normal und kohärent, aber irgendetwas in dir läuft energetisch auf einer ganz anderen Ebene ab.

Du zielst auf etwas ganz Bestimmtes ab.
Ja.

Du zielst darauf ab, dass es darum geht zu lernen, zwei Welten gleichzeitig zu betrachten.
Ja. Es geht wieder darum, die Wahrnehmungsbarrieren zu

durchbrechen, diesmal in Hinsicht auf das, was wir sehen. Was immer wir auch wahrnehmen: Die Möglichkeiten unserer Wahrnehmung wurden von der sozialen Ordnung definiert. Und wir haben gelernt, diese Definitionen in konkrete Wahrnehmungen zu übertragen. Auf der intellektuellen Ebene sind wir durchaus bereit zu akzeptieren, dass die Wahrnehmung ein kulturell definiertes Phänomen ist, aber wir sind nicht bereit, dies auf irgendeiner anderen Ebene zu akzeptieren. Aber das ist absurd, weil Wahrnehmung auf anderen Ebenen existiert. Und ich kann aus meinen eigenen Erfahrungen mit den Zauberern heraus – und ich befinde mich ja offensichtlich auch in der Alltagswelt – nur sagen, dass es durchaus möglich ist, zwei Welten gleichzeitig wahrzunehmen und in beiden vollkommen kohärent, in beiden makellos zu sein.

Erzähle uns etwas über das Konzept der Makellosigkeit. Was ist Makellosigkeit?
Makellosigkeit bedeutet, ganz genau zu wissen, was du zu tun hast. Und das gilt ganz besonders für uns Frauen, weil wir gewöhnlich zu sehr unterwürfigen Wesen erzogen werden. Frauen sind so unterwürfig und klein, dass es schon fast unglaublich ist. Ich will damit nicht sagen, dass Männer das nicht sind, aber egal, wie man es dreht und wendet, die Männer sind letztlich doch immer auf der Siegerseite. Es spielt dabei auch keine Rolle, ob sie Verlierer sind oder nicht – sie sind immer noch männlich. Unsere Welt ist eine Männerwelt, egal, ob es ihnen darin gut ergeht oder nicht, egal, ob sie von feministischen Ideologien überzeugt sind oder nicht, es spielt wirklich

keine Rolle. Die Männer sind die Gewinner in unserer Gesellschaft.

In deinem Buch sprichst du unter anderem davon, wie die Frauen durch die männliche Sexualität versklavt werden. Kannst du darüber mehr erzählen?
Aber gern. Zunächst ist da die Vorstellung der Zauberer, dass durch den Geschlechtsverkehr eine Art Nebel erzeugt wird; eine Idee, die mich damals so schockierte, dass ich sie sehr lange verleugnet habe und es vehement ablehnte, dies in irgendeiner Form zu glauben. Aber die Zauberer ließen mich nicht in Ruhe. Sie erklärten mir, dass das, was in Wirklichkeit beim Geschlechtsverkehr vor sich geht, Folgendes ist: Wenn der Mann ejakuliert, gelangt nicht nur sein Sperma in unseren Körper, sondern auch etwas, das Don Juan als »Energiewürmer« bezeichnete; energetische Leuchtfäden, die die Spermien in diesem Moment des energetischen Ausbruchs tatsächlich sind. Und diese Energiewürmer bleiben sieben Jahre lang im Körper der Frau aktiv. Vom biologischen Standpunkt aus betrachtet, garantieren diese Würmer oder Energiefasern, dass der Mann immer wieder zur gleichen Frau zurückkehrt und dass er sich auch um den Nachwuchs kümmert. Der Mann wird auf einer rein energetischen Ebene anhand dieser Fasern sogar feststellen können, dass und ob es sich bei Kindern um seine eigenen Nachkommen handelt.

Und wie sieht es mit dem Austausch von Energie beim Geschlechtsverkehr aus?
Sie ernährt den Mann energetisch. Don Juan ist der An-

sicht, dass die Frauen die Ecksteine des Fortbestands der menschlichen Spezies sind und dass der Großteil der Energie von den Frauen kommt. Und diese Energie wird nicht nur für Empfängnis, Schwangerschaft, Geburt und zur Pflege und Ernährung des Nachwuchses eingesetzt, sondern auch dazu, den Platz des Mannes in diesem ganzen Prozess zu sichern.

Nehmen wir mal an, du hast Recht und die Frau wird tatsächlich durch diesen Nebel versklavt. Wie befreit sie sich selbst daraus?
Wenn wir das Ganze aus einem biologischen Blickwinkel betrachten, ist sie dann tatsächlich versklavt? Die Zauberer sagen ja, und zwar in dem Sinne, dass sie sich selbst in diesem Prozess immer nur durch die Augen der Männer betrachtet. Sie hat gar keine andere Wahl. Die Diskussion dieses Themas machte mich damals vollkommen verrückt; ich ging mit ihnen immer wieder alle einzelnen Punkte durch, um wieder ganz am Anfang zu beginnen und es erneut durchzukauen. Du musst wissen, das war in den frühen siebziger Jahren, als die Frauenbewegung ihren Höhepunkt hatte. Und ich sagte ihnen: »Nein, die Frauen haben es weit gebracht. Schaut euch doch einfach mal an, was sie alles erreicht haben.« Und sie sagten einfach: »Nein, sie haben überhaupt nichts erreicht.« Für sie war das Ergebnis der sexuellen Revolution – und sie waren durchaus nicht prüde oder an irgendwelchen Moralvorstellungen interessiert, sondern nur an Energie – und der sexuellen »Befreiung« der Frauen, dass die Frauen dadurch in gewisser Weise noch stärker in die Sklaverei

gerieten, weil sie plötzlich energetisch nicht mehr nur einen einzigen Mann durchfütterten, sondern gleich viele Männer auf einmal.

Das ist höchst interessant.
So hielten sie die Idee von der sexuellen Revolution und der sexuellen »Emanzipation« der Frau für absurd. Und was auch immer zurzeit geschieht, Don Juan hat dies bereits in den siebziger Jahren vorausgesagt. Er sagte, dass die Frauen damit auf die Nase fallen würden. Sie würden letztlich nur geschwächt werden. Und das ist eingetreten. Die wenigen Frauen, mit denen ich im Rahmen meiner Vorträge und Buchlesungen über dieses Thema gesprochen habe, haben mir in dieser Hinsicht voll zugestimmt. Das ist doch sehr interessant, oder? Und dabei hatte ich zunächst befürchtet, dass ich mit diesem Thema einige Schwierigkeiten bekommen würde. Aber gerade die Frauen, die im Prozess der so genannten »Befreiung« viele Liebhaber gehabt haben, sagten, dass sie völlig erschöpft seien, ohne zu wissen warum.

Also reden wir über etwas, das weit über das rein Sexuelle hinausgeht.
Ja, und das vor allem in der Hinsicht, dass die Gebärmutter – jenseits des sexuellen Aspekts – ursprünglich dafür sorgt, dass die Frauen diejenigen sind, die dem Geist am nächsten stehen. Dies meine ich natürlich in Hinsicht auf den Prozess der Annäherung an das Wissen im Sinne des Träumens. Der Mann baut Stufe um Stufe dem Wissen entgegen und nähert sich diesem »kegelför-

Die Kunst des Träumens

mig« an. Aber die Definition des Kegels besagt bereits, dass dieser Prozess an der Spitze des Kegels sein definitives Ende findet. Und das ist ein energetisches Prinzip. Der Mann strebt nach dem Wissen, weil er dem Geist – oder wie immer wir diese Kraft dort draußen nennen mögen – eben nicht nahe ist. Den Zauberern zufolge sind die Frauen das genaue Gegenteil. Der Kegel ist umgekehrt, wie ein Trichter. Sie haben eine direkte Verbindung zum Geist; und das liegt nach Meinung der Zauberer daran, dass die Gebärmutter nicht nur ein Reproduktionsorgan ist; sie ist ein Organ des *Träumens*, eine Art zweites Gehirn.

Oder Herz.
Oder Herz, wenn du so willst. Und wir Frauen ergreifen das Wissen durch dieses Organ direkt und ohne langwierige Erklärungen. Dennoch hat man es uns nie erlaubt – weder in unserer Gesellschaft noch in irgendeiner anderen – mitzubestimmen, mit zu definieren, was Wissen eigentlich ist. Und die paar Frauen, die an der Formulierung und Schöpfung der Wissensgebäude unserer Zeit mitarbeiten, tun dies ausschließlich in männlichen Begriffen. Nehmen wir zum Beispiel eine Frau, die in der Forschung arbeitet. Wenn sie sich nicht an die Regeln hält, die bereits durch den männlichen Konsens etabliert worden sind, wird sie keine Chance zur Veröffentlichung ihrer Arbeiten bekommen. Sie kann vielleicht ein wenig vom Konsens abweichen, vorausgesetzt, sie bleibt innerhalb der vorgegebenen Matrix. Frauen ist es nicht erlaubt, irgendetwas anderes zu tun.

Und die Zauberinnen stehen nicht mehr länger im Bann dieser kollektiven Hypnose?
Zumindest nicht mehr innerhalb der gesellschaftlichen Matrizen. Es ist übrigens sehr interessant, dass du die Idee der Hypnose ansprichst, weil Don Juan immer wieder sagte, dass wir zu der Zeit, als die Psychologie Freud hervorbrachte, geschlafen haben, zu passiv waren. Damals hätten wir die Wahl gehabt, entweder Mesmer oder aber Freud zu folgen. Wir sind mesmerische Wesen. Wir haben diesen alternativen Pfad nie wirklich erkundet ...

Ja. Den Pfad der Energie.
... und dies alles wäre uns niemals passiert, wenn Freud damals nicht die Oberhand gewonnen hätte.

Nun gut, aber die hat er inzwischen verloren.
Nicht wirklich. Schau dir doch an, was wir machen. Und wer weiß, wie viele Generationen es brauchen wird, um dies wirklich zu ändern. Natürlich hast du in der Hinsicht Recht, dass er seine intellektuelle Vormacht verloren hat und dass ihm in wissenschaftlichen Kreisen kaum noch jemand folgt. Aber seine Lehren sind in unser kulturelles Gepäck übernommen worden ... Wir reden und denken immer noch in den von ihm geprägten Mustern und Begriffen, ja selbst solche Leute, die gar nicht wissen, wer Freud war. Seine Ideen sind Teil unserer Sprache, Teil unserer Kultur geworden.

Ja, dessen bin ich mir bewusst. Es ist immer wieder unglaublich frustrierend, mit Leuten umzugehen, die die ge-

samte Wirklichkeit von diesem abgedroschenen Standpunkt aus angehen.
Ja. Und die meisten wissen nicht einmal, woher diese Ideen stammen. Sie sind Teil unseres kulturellen Gepäcks.

Und eine Zauberin ist diesen Bedingungen nicht mehr unterworfen, sie ist frei davon?
Nun, frei in der Hinsicht, dass du, wenn du einmal erkannt hast, was die soziale Ordnung wirklich ist, nämlich eine Übereinkunft, zumindest vorsichtiger wirst und nicht alles unbesehen akzeptierst. Die Leute sagen: »Aber sieh doch, wie verschieden das Leben heute im Vergleich mit dem zu den Zeiten deiner Mutter oder gar deiner Großmutter ist.« Und ich sage, dass es das nicht ist. Es ist nur graduell verschieden. Aber nicht wirklich anders. Wenn ich mein Leben so gelebt hätte, wie man es für mich vorgesehen hatte ... nun ja, ich wäre ein wenig gebildeter, ich hätte gesellschaftlich gesehen bessere Chancen gehabt. Aber das war es auch schon. Ich wäre letztlich genau da gelandet, wo meine Mutter und Großmutter gelandet sind: im »Hafen« der Ehe, frustriert, mit Kindern, die ich inzwischen sicherlich hassen würde oder die mich hassen würden.

Ich versuche schon die ganze Zeit, dich dazu zu bringen, darüber hinauszugehen, um von dir zu erfahren, was passiert, wenn man einmal diese Knechtschaft erkannt hat und nun damit beginnt, sich daraus zu befreien. Was ist es, was sich dann der Wahrnehmung erschließt?
Alles.

Alles. Nun gut.
Erst einmal lernst du, in deinen Träumen zu *sehen*. So schreibe ich zum Beispiel meine Bücher im Träumen. Es ist nicht so, dass ich dann in der Alltagswelt keine Arbeit mehr damit hätte, aber das Material kommt im Träumen.

Du verwendest den Begriff »Träumen« in diesem Zusammenhang in einem ganz speziellen Sinn, der in eurer Tradition begründet liegt. Kannst du uns sagen, was genau dieses »Träumen« ist?
Im traditionellen Sinne geht es um Folgendes: Wenn wir einschlafen und beginnen, in einen Traumzustand zu geraten, in diesem Augenblick, in dem wir halb wach sind und bereits halb schlafen, das weißt du aus den Büchern von Castaneda, beginnt der Montagepunkt zu zittern, er beginnt sich zu verschieben. Und der Zauberer versucht nun, diese natürliche Verschiebung (die übrigens bei jedem von uns vorkommt) dazu zu nutzen, sich mit ihrer Hilfe in andere Sphären hineinzubewegen. Und um das zu erreichen, brauchst du eine außerordentliche Energie. Wieder einmal läuft alles auf die Frage der Energie hinaus. Wir benötigen eine außergewöhnlich große Menge Energie, weil man sich dieses Schwellenmoments bewusst sein will und versucht, diesen zu nutzen, ohne dabei gleich aufzuwachen.

Ja, das ist wahrlich eine sehr große Errungenschaft.
Für mich ist es sehr leicht, in einen solchen Zustand einzutreten und ihn zu nutzen. Das Schwierige für mich war, dass ich damals keinerlei Kontrolle über diese Zustände

hatte, wenn ich sie jetzt auch habe. Aber ich konnte mich sehr leicht in diesen Zustand hineinversetzen, den sie ... Was ich sagen will, ist, dass die Zauberinnen keinerlei Interesse daran hatten, diesen Zustand als »zweite Aufmerksamkeit« zu bezeichnen; sie nannten diesen Zustand lieber »Wachträumen«, weil es letztlich auch genau darum geht. Du kannst verschiedene Stufen erreichen, wobei man auch einen Punkt erreichen kann, an dem man die gleiche Kontrolle über seine Traumzustände hat wie die, die man üblicherweise in seiner Alltagswelt hat. Und genau das ist es, was die Zauberer praktizieren. Für sie hat beides den gleichen Rang. Da gibt es keinen Unterschied mehr.

Heißt das, dass du jetzt tatsächlich dazu fähig bist, in einer anderen Wirklichkeit zu existieren?
Nun, das weiß ich wirklich nicht. Du musst verstehen, wir haben gar nicht die Sprache, um uns darüber zu unterhalten, außer in Anlehnung an Begriffe aus dem Bereich des Bekannten. Und daher ist die seltsame Antwort auf die Frage: »Existiere ich in einer anderen Wirklichkeit?« gleichzeitig ja und nein. Es ist nicht ganz richtig, diese Frage zu bejahen, weil wir es letztlich nur mit *einer* Wirklichkeit zu tun haben. Es gibt da keinen Unterschied. Man könnte sagen, dass es sich um verschiedene Schichten handelt, so wie bei den Schichten einer Zwiebel. Aber es ist alles das Gleiche. Und es wird langsam ziemlich bizarr. Wie soll ich denn darüber reden? In Metaphern? Aber unsere Metaphern sind ebenfalls bereits durch das geprägt, was wir kennen und wissen.

Ja, das ist das Problem der Sprache.
Du siehst, uns fehlen die Worte, um zu beschreiben, was wirklich passiert, wenn wir uns in der »zweiten Aufmerksamkeit« oder in einem Zustand des »Wachträumens« befinden. Aber es ist genauso wirklich wie jede andere Wirklichkeit auch. Was ist Wirklichkeit? Es ist, um es nochmals zu sagen, ein Konsensus, eine Übereinkunft. Unser Problem ist, dass wir dem nur auf der intellektuellen Ebene zustimmen. Aber man kann mehr tun, als nur intellektuell zuzustimmen. Man kann es praktisch umsetzen, indem man sich in andere Schichten der einen Wirklichkeit begibt. Und um das zu tun, braucht man – und damit sind wir wieder bei diesem zentralen Punkt angelangt – genügend Energie. Davon hängt letztlich alles ab.

Das stimmt. Aber es hängt doch auch von dem ab, was ihr »Absicht« nennt.
Genau. Aber um dich selbst an die *Absicht* anzukoppeln ... Schau, die *Absicht* ist da draußen und sie ist eine Kraft. Don Juan hatte kein Interesse an Religion, aber auf seltsame Weise könnte diese Kraft genau das sein, was wir gemeinhin als Gott bezeichnen, das oberste Wesen, die eine Kraft, der Geist. Du siehst, jede Kultur kennt die *Absicht* unter anderem Namen. Wenn du dich nun an die *Absicht* ankoppeln willst, dann solltest du, wie Don Juan sagte, nicht darum betteln, sondern darum bitten, es mithin einfach verlangen. Und um darum zu bitten, es einfach zu verlangen, benötigt man Energie. Und du brauchst diese Energie nicht nur, um dich selbst an die *Absicht* anzukoppeln, sondern auch dazu, angekoppelt zu bleiben.

Ja. Also ist die Sache mit der Absicht, obwohl das Wort nicht schwer auszusprechen ist, eine recht vertrackte und komplexe Angelegenheit.
Ja, genau, eine sehr komplexe Angelegenheit. Wenn Don Juan und seine Leute über Zauberei und Hexerei sprachen, kümmerten sie sich einen Dreck um das, was wir gewöhnlich damit verbinden; und dies nicht nur hinsichtlich der negativen Assoziationen mit diesen Begriffen, sondern auch bezüglich dessen, was wir gemeinhin als »Verfahrensweisen« oder »Praktiken« bezeichnen. Für sie ist Zauberei eine sehr, sehr abstrakte Angelegenheit. Sie verstehen die Zauberei selbst als eine Abstraktion, als die Idee, die Grenzen der Wahrnehmung zu erweitern. Sie sagen, dass die Alternativen, zwischen denen wir in unserem Leben wählen können, durch die soziale Ordnung begrenzt sind. Wir haben grenzenlose Möglichkeiten, aber, indem wir jene Alternativen als verbindlich akzeptieren, begrenzen wir selbstverständlich unsere ursprünglich unbegrenzten Möglichkeiten.

Und doch scheint der Mensch ...
... ständig auf der Suche nach dem zu sein, was verloren oder einfach nur von der sozialen Ordnung eingeengt worden ist. Sofort nach unserer Geburt legt man uns Scheuklappen an. Schau doch, wie wir ein Kind dazu zwingen, auf die gleiche Art wahrzunehmen, wie wir wahrnehmen.

Ja, die Übermittlung der Kultur.
Das ist das perfekte Beispiel. Kinder nehmen wahrhaftig mehr wahr, offensichtlich sogar sehr viel mehr. Aber sie

müssen früher oder später Ordnung in das Chaos der Wahrnehmung bringen, und wir – als die ewigen Schulmeister – helfen ihnen selbstverständlich gern dabei und zeigen ihnen, was innerhalb unserer Gruppe den Anstandsregeln der Wahrnehmung entspricht. Und wenn sie sich nicht an diese Regeln halten, mein Gott, dann pumpen wir sie mit Drogen voll oder stecken sie aus »therapeutischen Gründen« in eine geschlossene Anstalt.

Es hat verschiedene Traditionen gegeben wie die eure, die bereits eine lange, lange Zeit existierten, aber von deren Existenz wir erst in den letzten zwanzig oder dreißig Jahren erfahren haben. Warum hat Castaneda seine Bücher geschrieben?
Weil es seine Aufgabe war. Eine Aufgabe der Zauberei, die Don Juan ihm aufgetragen hatte. Castaneda ist der Letzte seiner Linie. Da ist niemand anders mehr. Da ist nur noch eine kleine Gruppe von Indianern, mit denen wir zusammenarbeiten. Dazu musst du wissen, dass Don Juan seltsamerweise in Hinsicht auf Castaneda einen Fehler machte, als sie sich zuerst trafen. Wer weiß, ob es überhaupt ein Fehler war; aber was auch immer das Zeichen der Kraft, des Geistes gewesen ist, das Don Juan mit Castaneda verband, er interpretierte es auf seine Weise und begann für seinen vermeintlich gleichen Nachfolger Leute zu »sammeln«. Jenen Kreis von Lehrlingen, den Castaneda in *Der zweite Ring der Kraft* und in *Die Kunst des Pirschens* beschreibt, wo er über die Leute aus Oaxaca, die Schwesterchen und all die anderen Leute spricht. Und dann – Jahre später – erkennt Don Juan, dass Carlos einen

ganz anderen Weg gehen muss, weil er selbst anders ist. Castaneda ist noch abstrakter, als Don Juan es war. Sein Weg ist ein völlig verschiedener Weg. Und dann brachte Don Juan diese andere Gruppe von Leuten zusammen, denn wir – die Leute, die jetzt mit Castaneda zusammen sind – trafen Don Juan alle lange bevor wir das erste Mal mit Castaneda in Kontakt kamen. Zu jener Zeit waren wir zu fünft – vier von uns und Castaneda.

Also war es eine Aufgabe der Zauberei, die Bücher zu schreiben. Worauf ich hinaus will, ist die Frage, warum dieses Wissen – rein als solches verstanden – gerade jetzt zugänglich gemacht wird, und das in dieser Form, die es an viele Millionen Leser heranträgt. Was ist die Absicht, die hinter alldem steht?
Nun, jemand soll dadurch gepackt werden. Und die Leute werden davon gepackt. Für uns und unsere Mentalität als westliche Affen, wie Don Juan uns zu nennen pflegte, gilt, dass wir immer zuerst auf intellektueller Ebene gepackt werden müssen, weil es nur allzu offensichtlich ist, dass dies die Art ist, wie wir funktionieren. Als ich anfangs mit der Welt der Zauberer in Kontakt kam, ging ich noch zur Schule. Nach zwei oder drei Jahren war ich dann so weit, meinen Abschluss zu machen und auf die Universität zu gehen. Aber die Welt der Zauberer war mir lieber und so sagte ich ihnen: »Was habe ich schon davon, weiter zur Schule zu gehen? Warum sollte ich meinen Doktor machen? Das ist doch vollkommen überflüssig.« Don Juan und all die Frauen erklärten mir jedoch, dass es absolut nicht überflüssig sei, denn bevor ich irgendetwas ableh-

nen könne, müsse ich es erst einmal in seinen Feinheiten verstehen. Einfach nur zu sagen, ich sei nicht an Philosophie oder nicht an Anthropologie interessiert, sei vollkommen bedeutungslos. So etwas könne ich frühestens dann sagen, wenn ich zumindest einige Versuche gemacht hätte, mich mit diesen Themen auseinander zu setzen. Sie sagten mir, dass ich keinen vernünftigen Grund vorbringen könne, diese Dinge abzulehnen, und dass ich, wenn ich mich in diese Welt der »zweiten Aufmerksamkeit« und des »Wachträumens« hineinstürze, einen klaren und gut trainierten Verstand brauchen würde, um wieder aus diesen Zuständen aufzutauchen und wirkliches Wissen mit an die Oberfläche zu bringen. Und wenn ich nicht den Grips oder den Verstand hätte, das zu tun, dann könne ich genauso gut in die Wüste gehen und dort mit Steinen werfen; weil es bedeutungslos ist. Und für sie war es sehr wichtig, dass wir alle in dieser Hinsicht gut trainiert waren. Jedes Mitglied unserer kleinen Gruppe hat einen akademischen Grad. Da gibt es Historiker, Anthropologen und Bibliothekare.

Also ist dieses Wissen Millionen von Menschen zugänglich gemacht worden, damit einzelne Leute davon gepackt werden.
Auf einer Ebene werden sie das, ja.

Und bedeutet das auch, dass die Tradition nun auf diese Weise weiterexistiert, indem sie sich selbst überliefert?
Ich weiß nicht. Wenn ich von Castanedas Post ausgehe, die er übrigens nicht liest, dann würde ich sagen, ja. Aber

dann ist wiederum das meiste von diesem Zeug ... Was ich sagen will, ist, dass ich von Zeit zu Zeit Briefe öffne und lese, und die meisten davon sind völlig verrückt, von Spinnern geschrieben. Manche Briefe enthalten auch sehr, sehr ernsthafte Anfragen, aber die meisten wurden offensichtlich von Leuten geschrieben, die wirklich einen Sprung in der Schüssel haben (Florinda lacht). Und ich meine das wörtlich, diese Leute haben wirklich einen Sprung. Wie etwa »Ich bin der neue Nagual« oder »Ihr habt mich neulich im Träumen besucht«. Ich meine wirklich bizarre Sachen.

Nun, wie du weißt, gibt es verschiedene Abstufungen, was das angeht. Aber ich denke, dass ihr Frauen, ihr Zauberer und die ganze Castaneda'sche Realität das kollektive Bewusstsein der breiten Masse, vor allem in Nordamerika und Europa, tatsächlich recht stark beeinflusst habt.
Da hast du völlig Recht, und es gibt eine Menge Arbeit für uns da draußen. Es gibt eine Menge Leute, die unsere Bücher lesen. Und einige dieser Leute nehmen diese Sachen wirklich sehr ernst.

Und manche, die sich heute mit der Spiritualität der Ureinwohner befassen, sind keine Ureinwohner. Und deshalb hat die Arbeit eurer Gruppe eine sehr belebende Wirkung auf die Spiritualität der Ureinwohner Amerikas gehabt, denn man sieht, dass diese stärker denn je versuchen, zu ihren eigenen Traditionen zurückzufinden. Und sie gehen tatsächlich zurück zu ihren eigenen Wurzeln.
Aber das ist doch das genaue Gegenteil von dem, was

Don Juan wollte. Schau, sein Standpunkt war, das man nicht zurückgehen sollte, weil man dann wieder in die Fänge der Mythen und der Rituale gerät. Und für Don Juan waren Mythen und Rituale ... Mythen in dem Sinne, dass man Teil dieser Matrix ist, ja, aber nicht in dem Sinne, dass man sie durch die Beschwörung bestimmter Kräfte in Ritualen und Zeremonien lebt, alles Dinge, die vielleicht noch im neunzehnten Jahrhundert erfolgreich und sinnvoll waren. Er sagte, wir würden einen gewaltigen Fehler machen, wenn wir nicht verstehen, dass der einzige und ursprüngliche Zweck der Rituale das Einfangen und Fesseln der Aufmerksamkeit ist. Wenn deine Aufmerksamkeit einmal eingefangen ist, gibt es keinen Grund mehr, am Ritual festzuhalten; man lässt es einfach fallen. Aber als die schwerfälligen Affen, die wir nun mal sind, finden wir tröstenden Beistand im Ritual. Aber Menschen, die wirklich daran interessiert sind, ihr Wissen zu transzendieren, tun dies, indem sie aus dem Teufelskreis der Rituale ausbrechen. Und dennoch ist der Rest der großen Masse weiterhin vom Ritual hypnotisiert.

Ja, das sehe ich ein. Und das passt auch zu Castanedas Aussagen, der euch als neue Seher beschreibt. Was bedeutet das und wie sind diese entstanden?
Die neuen Seher? Für Frauen bedeutet das vor allem, dass sie begreifen müssen, dass die Gebärmutter nicht nur ein Fortpflanzungsorgan ist. Um nun die sekundären Funktionen dieses Organs zu aktivieren, muss unsere *Absicht* geändert werden. Und um die *Absicht* ändern zu

können, benötigen wir – wieder einmal – Energie. Schau, wir haben zunächst nicht die geringste Ahnung davon, was es bedeutet, die Gebärmutter als Organ des Seins, als Lichtorgan, als Organ der Intuition zu nutzen. Für uns ist Intuition tatsächlich etwas, das bereits definiert worden ist. Wir kennen gar keine echte Intuition mehr, weil wir bereits mit unseren Köpfen »intuieren«. Don Juan hatte immer ein großes Interesse an den Frauen, und die Leute fragen Castaneda immer wieder: »He, wie kommt es, dass immer so viele Frauen in euren Gruppen sind? Feiert ihr Orgien? Treibt ihr es miteinander? Erzähl uns doch mal, was ihr da macht.« Und er sagt: »Nein, das liegt nur daran, dass Männer keine Gebärmutter haben. Wir brauchen diese magische ›Gebärmutter-Kraft‹.« Du siehst, das ist eine sehr wichtige Kraft.

Lass mich in dem Zusammenhang ein paar praktische Fragen stellen, im Namen meiner weiblichen Leser. Muss die Gebärmutter vollständig funktionstüchtig sein? Ich meine, wenn zum Beispiel die Eileiter verwachsen sind, würde die Gebärmutter noch ihren Dienst tun?
Ja, solange keine Hysterektomie vorgenommen wurde.

Also solange die Gebärmutter nicht entfernt worden ist ...
... solange die Gebärmutter noch da ist, ja.

Dann kann sie in eurem Sinne funktionieren.
Oh ja, absolut. Das Einzige, was man dazu braucht, ist, dass man die entsprechende *Absicht* beschwört. Ähnlich wie dies in manchen dieser »Göttin-Kulte« versucht

wird; du weißt schon, diese »Wenn Gott eine Frau wäre«-Kulte. Aber leider gehen diese meistens am Wesentlichen vorbei. So hielt ich vor einem Monat einen Vortrag vor einigen Frauen, und die meisten von ihnen waren Mitglieder in solchen Göttin-Gruppen. Sie erzählten mir, dass sie jeweils ein Wochenende im Monat im Wald verbrachten, irgendwo da oben im Sequoia-Nationalpark. Dort toben sie durch den Wald, klettern auf Bäume, und oh, sie lassen da so richtig die Sau raus, debattieren, machen Rituale im Fluss und Ähnliches. Und ich sagte zu ihnen: »Und was zur Hölle macht ihr, wenn euer ach so tolles Wochenende vorbei ist? Ihr geht nach Hause und seid wieder die gleichen Arschlöcher wie vorher. Ihr macht eure Beine breit, wann immer euer Herr und Meister sagt: ›Ich brauche dich.‹« Natürlich waren sie schockiert. Ich meine, sie hassten mich sogar insgeheim dafür, dass ich ihnen das gesagt hatte, weil sie das nun gar nicht hören wollten. Sie sagten: »Aber wir haben uns diese drei Tage lang doch so gut gefühlt.« Und ich erwiderte: »Aber welchen Zweck hat es, sich drei Tage lang gut zu fühlen, wenn dein Leben danach genauso beschissen weitergeht?« Diese Frauen sollten sich mal fragen, wovon sie da eigentlich Urlaub machen, und vor allem, warum sie das machen. Wo liegt da der Sinn, wenn das Leben danach doch wie gehabt weitergeht? Warum verändern wir uns nicht wirklich? Und dann diese Idee mit den Ritualen und der Rückkehr zu den Glaubens- und Kultformen der Ureinwohner; sie haben nicht einmal damals funktioniert, zumindest nicht in Hinsicht auf die Stellung der Frau. Wir wurden besiegt.

Also geht es um etwas, das hier und jetzt auf völlig authentische Weise gelebt werden muss.
Die Veränderungen müssen fließend sein und die Praktikerinnen müssen genauso im Fluß sein, um die Veränderungen akzeptieren zu können. Sogar in uns verändern sich die Dinge ständig, aber wir achten nicht darauf, weil wir es uns auf unserer eigenen gewohnten Schiene so bequem gemacht haben – bis uns dann eines Tages etwas aus dieser gar nicht so sicheren Bahn wirft. Und darüber ärgern wir uns dann, während wir eigentlich nur im Fluß sein müssten, um diesen Zustand zu nutzen. Nur eine ausreichende Menge Energie wird dafür sorgen, dass wir im Fluss bleiben.

Und wie kann man diese Energie ansammeln und speichern?
Zunächst und gerade am Anfang, so pflegte Don Juan zu sagen, ist die sexuelle Energie die beste Energie, die wir haben. Ich würde hinzufügen, dass es sogar die einzige Energie ist, die wir wirklich haben, aber der Großteil unserer sexuellen Energie wird oder ist bereits verschwendet worden.

Gilt das für Männer und für Frauen im gleichen Maße?
Natürlich gilt das sowohl für Männer als auch für Frauen. Der einzige Unterschied ist, dass die Frauen im energetischen Sinne mit der zusätzlichen Bürde belastet sind, dass sie die Männer über deren »energetische Würmer« auch noch ernähren. Daher ist Sex für Frauen fataler. Aber für den Mann nicht viel weniger, denn er wird dadurch fest-

gelegt. In einem energetischen Sinne wird er festgelegt, wie auch immer sich das konkret ausdrücken mag. Wir haben dann alle möglichen psychologischen Erklärungen für die Folgen. So etwa für Leute, mit denen wir eine sexuelle Affäre hatten und die wir nun nicht mehr aus unseren Köpfen bekommen oder was auch immer. Du siehst, wir haben hier eine Art Grauzone der Beschreibung vor uns, aber was wirklich vor sich geht, findet auf einer ganz anderen Ebene statt, über die wir nicht reden wollen oder können, weil das nicht Teil unserer kulturellen Ausrüstung ist.

Also führt der beste Weg zur Ansammlung von Energie über das Zölibat?
Nun, das ist sehr schwierig, aber es ist auf jeden Fall einen Versuch wert.

Wenn sich eine Frau oder ein Mann zu eurer Tradition berufen fühlt, wenn sie dadurch »gepackt« worden sind, wie du sagst, woran können sie das erkennen? Woran können sie erkennen, dass sie tatsächlich von dieser Tradition gepackt worden sind und nicht nur von irgendeiner fixen Idee?
Ich denke, Castanedas Bücher erklären das sehr gut ... Wenn du Castanedas Bücher gründlich und aufmerksam liest, dann sind sie fast so etwas wie praktische Handbücher.

Ja, das weiß ich. Man liest sie wieder und wieder, und irgendwann versteht man dann, worüber da eigentlich geredet wird.

Du wirst wissen, wenn sich etwas geändert hat, weil du es auf energetischer Ebene spüren wirst. Und dann gibt es da noch das Konzept davon, dass wir diese Vorstellung vom Selbst hinter uns lassen können. Es ist nicht so, dass du dann hingehst und über die anderen lachst. Aber du findest sie widerwärtig und verachtenswert, und doch willst du gleichzeitig nicht über sie urteilen, denn wer zur Hölle sind wir schon, um über irgendwen zu urteilen? Du weißt nur, dass du nicht mehr teilhast an diesem Maskenball, an dieser allgegenwärtigen Präsentation der Egos im Sinne der sozialen Übereinkunft. Dein Selbst, deine Maske kommt dir vor wie ein gefälschter Teil von dir, wie ein Anhängsel, das du allerdings brauchst, um in der Welt zu funktionieren. Dazu musst du immer noch eine kohärente Selbstvorstellung vorweisen können.

Weißt du, Don Juan sagte immer, dass man, wenn eine echte Veränderung stattgefunden hat, nicht abgewiesen werden kann, was immer es auch bedeutet, abgewiesen zu werden. Ich weiß es nicht. Von der *Absicht*, die mit uns in Kontakt kommt? Ich weiß es wirklich nicht. Jedenfalls sind zwei Leute mit uns in Kontakt gekommen, und die sind nun bei uns. Das darfst du nicht falsch verstehen, denn wir sind ohnehin nie zusammen; jeder von uns lebt sein eigenes Leben, und nur von Zeit zu Zeit treffen wir uns. Ursprünglich hatten wir diese kleine Klasse, wenn Castaneda im Lande war. Er lehrt dort bestimmte, sehr interessante Bewegungen, die vor allem dazu dienen, Energie aufzuspeichern. Und diese beiden Leute sind zwei Jahre lang zu diesen Treffen gekommen, und sie verändern sich nach und nach. Das ist wirklich faszinierend.

Du siehst, wenn du etwas loslässt, wird etwas in dir das wissen.

Etwas anderes: Du hast nun – unter anderem – dieses Buch veröffentlicht, und ich habe es gelesen. Nun habe ich dadurch noch keine physische Vorstellung von dir, aber meine Gefühle formen ein gewisses Bild davon, wer du sein könntest oder woran du mich erinnerst. Jetzt interessiert mich, ob dich das Energiefeld all der Leser, die dein Buch in der Welt da draußen lesen, irgendwie beeinflusst oder beeinträchtigt.

Eines der Dinge, die Don Juan Castaneda sehr klar gemacht hat ... Schau, wenn das Buch einmal raus ist, dann ist es raus. Es hat nichts mehr mit dir zu tun. Natürlich ist es sehr schwer, sich von den Gedanken, Fragen und Hoffnungen, wie zum Beispiel »Kommt das Buch an?« zu trennen. Weil man irgendwie selbst darin verwickelt ist. Wirklich ganz loszulassen ist sehr, sehr schwer. Bei meinen zwei ersten Büchern – *Shabono* und *Die Lehren der Hexe* – war es vergleichsweise einfach. Mit diesem Buch ist das nicht so; es ist sehr schwierig, weil ich hier das erste Mal wirklich über meine Verbindung zu Don Juan rede. Und vielleicht auch, weil ich hier das erste Mal wirklich offen rede – in den anderen Büchern tat ich das nicht. Mit diesem Buch bin ich wesentlich stärker verbunden. Ich habe auch Lesungen und Vorträge in Buchhandlungen abgehalten, die sehr interessant waren, wie ich schon angedeutet habe, und da waren sehr viele Leute, die wirklich ernsthaft interessiert waren, aber meistens wieder nur im intellektuellen Sinne.

Ich denke aber, dass einige über die intellektuelle Stufe hinausgegangen sind.
Bestimmt gibt es solche Leute. Das glaube ich auch.

Wenn wir schon über verschiedene Leute reden, dann lass uns auch über verschiedene Arten von leuchtenden Körpern sprechen. Manche Leute lesen eure Bücher, und dann ist plötzlich die Stunde der Selbsterkenntnis gekommen.
Ganz genau, ja.

Also bewirken die Bücher eine Veränderung in der Selbstwahrnehmung eurer Leser?
Ja. Es geht uns ja auch grundsätzlich darum, wie wir die Welt wahrnehmen, und um das Zerbrechen jener Parameter der alltäglichen Wahrnehmung, auch in Hinsicht auf die Wahrnehmung des eigenen Selbst. Aber wir wollen dabei nicht das *Ich* im Mittelpunkt von allem haben. Wir wollen Zeugen sein. Weil alles in unserer Gesellschaft durch das Ich gefiltert ist, sind wir nicht einmal fähig, auch nur die kleinste Geschichte oder Erinnerung zu erzählen, ohne uns selbst zum Protagonisten, zum Hauptdarsteller zu machen. Und das machen wir immer so. Don Juan war viel mehr daran interessiert, den Geschichten und Ereignissen selbst ihren Lauf zu lassen, sie sich selbst entwickeln zu lassen. Dann werden sie unendlich viel reicher, weil sie sich selbst öffnen. Betrachte das Zeuge-Sein als eine Übung, die du im Alltag praktizieren kannst; sei einmal nicht der Hauptdarsteller. Es ist bemerkenswert, was sich dann alles öffnet.

Irgendwo in euren Büchern beschreibt ihr, dass der Seher irgendwann auf seinem langen Pfad eine Periode der Mutlosigkeit, der Niedergeschlagenheit erlebt, in der er oder sie sich sicher ist, dass alles schief gehen wird, dass so bald gar nichts passieren wird. Und der Grund, warum ich das anspreche, ist, dass ich spüre, dass dieses Gefühl zurzeit weltweit bestimmend ist und von vielen Leuten geteilt wird. Kannst du dazu etwas sagen?

Aber gern (sie lacht). Und ich werde diese Depression wohl noch steigern müssen (sie beruhigt sich wieder etwas). Nein, das ist schon wahr. Etwas in uns weiß ganz genau, was los ist, und daher erzielen die Lehren von Don Juan heute diese Wirkung. Vom Standpunkt der Natur aus ist der primäre Imperativ der Fortbestand der Spezies, und daran sind wir nicht länger interessiert. Wir sind an Evolution interessiert, weil Entwicklung ein gleichwertiger, wenn nicht gar der Fortpflanzung übergeordneter Imperativ ist. Und das, weil – wenn wir uns nicht entwickeln – wir uns wahrhaftig selbst von diesem Planeten entfernen werden, und ich denke, das wird unwiderruflich sein. Wir haben unsere Ressourcen aufgebraucht, und ich meine, vollständig aufgebraucht. Ob wir nun fünfzig oder hundert Jahre haben, ist im Sinne der Zeitrechnung der Erde als Planet vollkommen belanglos. Es spielt nicht die geringste Rolle. Als Spezies sind wir dem Untergang geweiht. Und in diesem Sinne ist Evolution tatsächlich der einzige Ausweg. Und die Evolution liegt, wie Don Juan immer wieder betont hat, in den Händen der Frauen und nicht in den Händen der Männer.

Die Kunst des Träumens

Und was mache ich als Mann? Einfach rumsitzen und darauf warten, dass die Frauen die Welt retten?
Ja und nein. Der Mann muss allgemein auf seine Macht verzichten, und das wird er nicht tun, zumindest nicht kampflos. Das wird er ganz bestimmt nicht. Ich will damit nicht sagen, dass ihr euch hinstellt, auf euren Brustkorb trommelt und sagt: »Ich werde meine Macht nicht abgeben!« Nein, es ist wesentlich subtiler als das.

Erkläre das bitte genauer. Rede einfach weiter.
Nun, ich denke, das sind Dinge, die selten ausgesprochen werden. Nimm etwa diese sensiblen Typen, die an Männergruppen teilnehmen und die versuchen, ihre Spiritualität zu finden. In diesem Prozess kommen sie in völligen Einklang mit ihren Frauen, Partnerinnen, Lebensgefährtinnen – aber nicht wirklich. Da gibt es bestimmte Dinge, die sie nicht abgeben wollen; es ist zu bedrohlich. Auch wenn die ganze Männerbewegung ursprünglich eine echte spirituelle Bewegung war. Aber irgendetwas im Mann fühlt sich bedroht. Es ist die Furcht, etwas loszulassen, von dem einige ganz genau wissen, dass sie es loslassen müssen, wenn wir als Spezies eine Chance haben wollen. Wir wissen ganz genau, dass der Frau Zeit eingeräumt werden muss und dass ihr auch in der Vergangenheit immer wieder Zeit eingeräumt wurde, um etwas zu entwickeln. So musste etwa, um den aufrechten Gang zu gewährleisten, die Vagina ihre Lage verändern, nun, und wer musste sich anpassen? Der Mann. Der Penis musste in Folge größer werden. Und jetzt braucht die Frau wieder Zeit. Und der Mann wird ihr diese Zeit einräumen

müssen. Er muss der Frau Zeit geben, ihre Gebärmutter auf ihre bislang sekundäre Funktion umzuschalten.

Und das kann nicht geschehen, solange der Mann die sexuelle Beziehung zur Frau aufrechterhält. Ist es das, was du sagen willst?
Nein. Schau, es müssen einfach genug Frauen Zeit dazu bekommen, dass sich etwas in der Gebärmutter ändert. Sie müssen neue Möglichkeiten entwickeln. Don Juan sagte, unsere Entwicklung sei eine Sache der *Absicht*. Das besagt, dass auch der Sprung von den Reptilien zu den Vögeln, das Konzept der Flügel, *beabsichtigt* wurde. Es war ein Akt der *Absicht*.

Das ist sehr interessant. Also denkst du, dass derzeit Frauen in aller Welt, Schwesternschaften verschiedener Art, eine neue Zukunft des Menschen beabsichtigen?
Sie sind sich dessen nicht bewusst. Einige Frauen hingegen, so denke ich, sind es vollkommen.

Also bekommt der Mann nun einen Rücksitz im Prozess der Evolution der Arten zugewiesen.
Ganz richtig. Aber es ist kein Rücksitz. Ein solches Wort verknüpft die Angelegenheit wieder mit einer Wertung. Darum geht es aber nicht. Ihr müsst einfach nur Zeit zur Verfügung stellen.

Wie kann ein Mann das tun? Sage mir, wie das praktisch vor sich gehen kann.
Frauen werden noch immer als Bürger zweiter Klasse be-

trachtet. Egal welche Macht wir haben, wir haben immer noch keine wirkliche Macht. Wir entscheiden nichts. Selbst in Gesprächen in kleinen Gruppen ist das der Fall, es ist, als ob man mit dem Kopf gegen eine Stahltür rennt, weil, wer immer entscheidet, wer immer die Macht hat, sie auf keinen Fall abgeben wird. Oder schau dir die politische Ebene an, zum Beispiel in Washington oder in eurer Hauptstadt. Glaubst du, die Männer da oben würden uns auch nur einen Moment lang zuhören? Keine Chance. Aber irgendwelche Nischen müssen gefunden werden, um Neues zu entwickeln. Ansonsten sind wir zum Untergang verdammt. Und damit meinen wir nicht so sehr die Zerstörung des Planeten und der Umwelt; es ist unsere Spezies, die nicht überleben wird. Die Erde wird ganz sicher überleben. Es mag sein, dass sie in eine Art globalen Winter fällt, aber da wird sie wieder herauskommen. Wir als Art werden hingegen nicht überleben.

Warum würde eine Frau wohl dein Buch Der Pfad des Träumens *lesen?*
Gute Frage. Nun, ich denke, die Leute, die an Castanedas Büchern interessiert waren, könnten auch daran interessiert sein, das Ganze aus der Perspektive einer Frau zu sehen, die zwanzig Jahre Erfahrungen in diesem Bereich gesammelt hat. Ich gehe die Dinge anders an, wesentlich direkter. Die Hauptsache ist die Wahrnehmung. Sogar unser menschlicher Körper ist eine Folge der Wahrnehmung. Wir sind darin gefangen; wir sind in unserer Sprache gefangen. Und aus dieser Gefangenschaft wollen sich die Zauberer – mit Hilfe der Energie – befreien.

Die Erben des Don Juan

Teil IV

Die Kunst des Pirschens

Einführung des Herausgebers

Wie wir bereits erfahren haben, gehört auch Taisha Abelar zum engsten Kreis um Carlos Castaneda und zu den ursprünglichen Schülern von Don Juan Matus. In ihrem bislang einzigen Buch *Die Zauberin* hat sie über ihre Initiation und Lehrzeit bei den toltekischen Zauberern berichtet, und anlässlich der Veröffentlichung ihres Werkes wurde sie, wie zuvor Donner-Grau, von Alexander Blair-Ewart interviewt.

Wer Ähnlichkeiten zwischen den beiden Interviews erwartet, wird jedoch schnell enttäuscht. Zwar hat Blair-Ewart auch hier versucht, die Befragte in ein lebhaftes Gespräch zu verwickeln, aber Abelar ist nun mal nicht Donner-Grau. Sie ist eine Pirscherin und sie dominiert das Gespräch, welches sich nach und nach in einen regelrechten Vortrag verwandelt. Dabei monologisiert Abelar keineswegs – sie nutzt die Tricks und Kniffe ihrer Kunst, um den Zuhörer in ihren Bann zu ziehen, ihm seine ungeteilte Aufmerksamkeit abzuverlangen, so dass er sich auf die teils komplexen Themen konzentrieren kann.

Detailliert spricht sie über eine zentrale Technik der toltekischen Zauberer, die Rekapitulation des eigenen Lebens, und gibt zahlreiche Tipps, die von großem praktischen Nutzen sind. Sie referiert über Methoden, innere Stille zu erlangen und den inneren Dialog anzuhalten. Gleichzeitig betont sie immer wieder die Notwendigkeit, einen klaren Verstand zu bewahren, ohne den es auf den verschlungenen Pfaden der Zauberei keinen Halt geben würde.

Das folgende Gespräch ist ein eindrucksvoller Beweis dafür, dass Zauberer alles andere als Wirrköpfe oder halluzinierende Spinner sind. Abelar selbst legt Zeugnis darüber ab, wie man den eigenen Verstand kultivieren und wie viele Informationen man kohärent in wenigen Sätzen weitergeben kann. Überzeugen Sie sich selbst von der Kunst einer vollendeten Pirscherin.

Die Kunst des Pirschens

Taisha Abelar über die wahre Freiheit
Ein Interview von *Alexander Blair-Ewart*

Alexander Blair-Ewart: *Man trifft häufig Leute, die Vernunft, Logik und die natürlichen Funktionen des Verstandes aufgegeben haben und die nun in einer Art Grauzone gestrandet sind, völlig unfähig dazu, überhaupt noch irgendetwas klar herleiten oder gar verstehen zu können.*
Taisha Abelar: Ja, und genau das war eine der schlimmsten Schwächen der alten Zauberer, die in ihrer Praxis zuviel Gewicht auf die Techniken des *Träumens* legten, ohne die Techniken des *Pirschens* als ausgleichendes Gegengewicht zu praktizieren. Es ist eine Frage der Balance, denn wenn man weder Nüchternheit noch Kontrolle hat, welchen Sinn hat dann die Bewegung des Montagepunktes? Du bewegst ihn und gehst schließlich in jenen anderen Sphären verloren, ohne jemals auf diese Ebene zurückkehren zu können, wobei Letzteres genau das ist, was wir zurzeit praktizieren. Wir bewegen uns in andere Sphären hinein, aber wir kehren stets in diese Wirklichkeit zurück, indem wir den Montagepunkt vor und zurück verschieben. Wir haben die Kontrolle über diese Bewegungen.

Also könnte man hier auch von einer »Tagseite« und einer »Nachtseite« des Bewusstseins sprechen. Ist das korrekt?
Ja, das kann man durchaus so sehen. Obwohl die Nacht-

seite, wenn du ganz in sie eingetaucht bist, für dich zum Tag wird. Und das ist wahrhaftig so. Du willst dazu fähig sein, eine Ordnung aufrechtzuerhalten, und genau das ist es, was das *Pirschen* bewirkt: die Fixierung des Montagepunktes auf einer neuen Position, wo immer sie auch sein mag. Das könnte durchaus irgendwo da draußen in einer anderen Wirklichkeit sein. Aber selbst dort willst du deine Nüchternheit und deine Bewusstheit aufrechterhalten, dein Bewusstsein, das immer noch intakt geblieben ist. Das ist der Punkt, an dem die Pirschtechniken ins Spiel kommen, denn wenn du dieses verlierst, sei es aus Furcht, Sichgehenlassen oder schierer Dummheit, wirst du alles verlieren. Und dann ist es so, wie du vorhin sagtest, man strandet in dieser Grauzone und hat das Spiel verloren. Aber du willst die Ordnung aufrechterhalten, und durch das Pirschen schaffst du die Wirklichkeit neu, wo immer du auch sein magst, indem du Strukturen erschaffst, indem du Ordnung hineinbringst und indem du deinen Verstand benutzt. Denn du kannst auch in ganz anderen Welten vernünftig denken. Du erhältst dein Bewusstsein aufrecht. Du versuchst, Ordnung in die unvorstellbaren Wahrnehmungen zu bringen, in das Chaos, welches das Universum selbst ist. Und daher muss jedes Mal, wenn du den Montagepunkt bewegst, auch genügend Energie vorhanden sein, um das Bewusstsein intakt zu erhalten. Diese Energie ist mithin die Grundvoraussetzung für jeden Übergang in andere Wirklichkeiten.

Also übersteht deine eigentliche Menschlichkeit diesen Übergang in eine andere Wirklichkeit?

Ich würde nicht von Menschlichkeit sprechen, sondern vom ...

... ich sagte deine »eigentliche« Menschlichkeit ...
... leuchtenden »Doppelgänger«.

Ja.
Deine Leuchtkraft und dein Bewusstsein, das der Montagepunkt ist, bleiben überall intakt. Aber es ist nicht menschlich. Es muss zumindest nicht menschlich sein, und genau an diesem Punkt sollten wir nicht gleich einem groben Irrtum verfallen. Es ist sogar so, dass man ab einem gewissen Punkt alles, was menschlich ist, hinter sich lässt.

Nun, das ist etwas, das die meisten Menschen wirklich nicht wollen.
Genau, das wollen sie nicht. Und doch gibt es dieses große Interesse an unserer Arbeit, an Carlos Castaneda und an Don Juan. Aber die Leute wollen sich nicht wirklich darauf einlassen. Was sie daran mögen, entspringt ihrer intellektuellen Neugierde, dem Gedanken an die Möglichkeit, dass da draußen tatsächlich noch etwas anderes existiert. Als Menschen haben wir alle diese Neugier.

Also sind all die Arbeiten, die Castaneda und Donner-Grau veröffentlicht haben, so zu verstehen. Und nun ist da noch das Buch von dir. Und ich habe so das Gefühl, dass es noch Bücher von anderen, bislang unbekannten Mitgliedern eurer spirituellen Schule oder Tradition geben wird. Mehr und mehr dieser Bücher werden verkauft.

Millionen von Lesern haben, wie du weißt, eure Bücher verschlungen und Hunderte oder gar Tausende haben versucht, die darin enthaltenen Vorschläge in die Tat umzusetzen. Und trotzdem sind wir uns offenbar einig darüber, dass diese Arbeit, der Weg der Zauberer, wirklich nur etwas für ganz wenige ist. Sehr, sehr wenige Menschen werden diesen Weg auch wirklich gehen. Warum hast du dein Buch veröffentlicht?

Gute Frage. Darauf gibt es eine zweifache Antwort. Zunächst einmal ist da der Grund, dass Carlos Castaneda, Florinda Donner-Grau, Carol Tiggs und ich die letzten Glieder von Don Juans Linie sind. Castaneda ist der Letzte dieser Linie und damit auch ihr Ende. Zu der Zeit, in der sie uns trainierten, wussten sie das noch nicht – und ich kam bereits in jungen Jahren in Don Juans Welt, als ich gerade mal erwachsen wurde. Ich war mein ganzes Leben zuerst mit Don Juan und dann mit Carlos Castaneda zusammen – und sie wussten damals nicht, dass Carlos Castaneda der nächste Nagual werden würde und dass er seine eigene Struktur von Leuten gemäß der Regel haben würde, die sehr spezifisch ist und die *Träumer* und *Pirscher* in einer bestimmten numerischen Konfiguration anordnet. Sie trainierten uns gemäß ihrer Tradition im *Träumen* und im *Pirschen* sowie in den vielen anderen Techniken, die sie verwenden. Sie gaben alles an uns weiter. Aber dann stellte sich heraus, dass Carlos Castaneda gar kein vierzackiger Nagual war. Normalerweise hat ein Nagual vier energetische Abteilungen, und das ist eine Frage des energetischen Aufbaus der leuchtenden Wesen. Er ist ein dreizackiger Nagual, was bedeutet, dass er eine andere Mission hat. Einer der wesentlichen Unterschiede ist, dass die Nagual-Frau, die normalerweise mit der Gruppe des vorhergehenden Nagual geht, in diesem Falle Carol Tiggs, zwar mit Don Juan fortging, aber eines Tages zurückkehrte. Die *Absicht* des Nagual Carlos Castaneda oder die von Florinda und mir holte sie buchstäblich in diese Wirklichkeit zurück. Mit anderen Worten, ihr Montagepunkt verschob sich zurück, so dass sie jetzt wieder unter uns weilt. Nun ist das wirklich beispiellos in allen vorangegangenen Generationen von Naguals und Sehern in Don Juans Linie. Indem sie zurückkehrte, gab sie uns die Energie, über unsere Erfahrungen zu schreiben und zu berichten.

Carol Tiggs kehrte zurück, während eigentlich vorgesehen war, dass sie mit Don Juan Matus gehen sollte.
Das ist sie ja auch. Als sie gingen, haben sie sie mitgenommen.

Und Carlos hätte dann eigentlich den nächsten Nagual und die nächste Nagual-Frau finden sollen. Und dann, wenn er diese Welt einst verlassen hätte, sollte er jene wiederum mitnehmen und der Kreislauf wäre fortgesetzt worden. Aber jetzt ist dieses beispiellose Ereignis eingetreten. Was bedeutet das?
Die Pläne des Geistes für Carlos und unsere Gruppe sind völlig verschieden von denen, die für Don Juan vorlagen. Seine Gruppe folgte der Regel, und die sah ein bestimmtes Training vor. Und obwohl die Mitglieder des Trupps abstrakt waren, waren sie in dieser Hinsicht doch viel

konkreter. Sie praktizierten jene Techniken, die von der vorhergehenden Gruppe an sie weitergegeben worden waren.

Und genau diese Dinge gaben sie an uns weiter. Aber die Dinge, die wir davon wirklich behalten, sind nur die abstraktesten Dinge, wie die Rekapitulation, die Idee der Makellosigkeit, unsere Art des Nicht-Tuns, das eine völlige Negation aller Praktiken und Verfahrensweisen ist – ich werde darauf noch zu sprechen kommen. Aber deine Frage ist, warum dies gerade jetzt zu Tage tritt und warum wir eigentlich schreiben. Die Nagual-Frau gab uns die zusätzliche Energie, um diese Dinge an die Öffentlichkeit und somit in die alltägliche Wirklichkeit zu bringen.

Andernfalls, wenn diese Energie nicht da wäre, wären es für immer Ideen geblieben. Und obwohl wir sie praktizieren, sind wir die Ideen selbst. Es gibt da keinen Unterschied zwischen dem, was wir sagen, und dem, was wir tun. Das ist auch der Grund dafür, warum wir unseren Montagepunkt bewegen können, weil es letzten Endes nicht nur Abstraktionen sind, sondern weil unsere Körper diese Dinge tatsächlich verkörpern und ihnen somit Ausdruck verleihen. Deshalb bewegt sich unser Montagepunkt. Aber solange die Energie nicht da ist, ist man nicht fähig, es in diese Wirklichkeit hineinzubringen, um es anderen Leuten zu zeigen. Viele dieser Dinge haben wir bereits vor langer Zeit erlebt, vor langer Zeit niedergeschrieben, oder sie sind uns schon vor sehr vielen Jahren beigebracht worden. Die Dinge, über die ich schreibe, sind alle vor vielen Jahren geschehen. Aber da war einfach nicht die Energie, um es zu veröffentlichen oder, um es anders zu sagen, es fehlte die Energie, um alledem eine konkrete Form zu geben.

Der zweite Grund ist, wo nun einmal keine Lehrlinge da sind, dass der Plan des Geistes sozusagen, und ich wiederhole das, ich sage es immer wieder, weil es nichts ist, was wir entscheiden ... Es gibt für mich keine Möglichkeit zu sagen, oh, ich werde dies schreiben und das tun, denn in dieser Hinsicht habe ich keine Willensfreiheit. Der Plan des Geistes entscheidet, dass dieses Buch jetzt veröffentlicht werden soll, und so sei es. Ich denke, dass dies so sein muss, weil es keine nächste Generation im traditionellen Sinne gibt. Also muss das Wissen herausgegeben werden, an wen auch immer da draußen. Und es ist, wie du sagst: Ja, es gibt Tausende, wenn nicht gar Millionen von Leuten da draußen, die diese Dinge lesen. Jeder von ihnen könnte die Techniken praktizieren und den Weg finden. Der Grund, warum ich das sage, ist der, dass ihr keine Lehrer braucht. Indem wir abstrakt sind, so wie alle von uns es in dieser letzten Generation sind, können wir ganz klar sehen, dass alles, was ihr braucht, eine minimale Chance ist, eine Idee. Ein Versprechen, dass es möglich ist, diese Dinge zu tun. Die Rekapitulation ist etwas Derartiges. Wenn dann jemand diese Dinge praktiziert, wird er seinen Montagepunkt bewegen können, und dann wird etwas geschehen, und der Geist beziehungsweise die *Absicht* selbst wird ihn leiten und lehren.

Das alles ist schon in die Rekapitulation eingebaut, in die Übungen des Nicht-Tuns, in die Bücher selbst. Die *Absicht* ist bereits vorhanden. Okay, wir haben bereits gesagt, dass die meisten Leute das Rudel nicht verlassen werden. Sie fühlen, dass dies nichts für sie ist. So ist es nun mal eben. Aber da draußen sind einige Leute, die davon berührt werden, und das sind die Leute, für die die Bücher geschrieben wurden; und wer weiß, was alles geschehen wird?

Kannst du vielleicht etwas genauer auf die Rekapitulation eingehen?
Gern. Sie ist wirklich eine sehr, sehr alte Technik, die von den alten Zauberern an Don Juans Linie weitergegeben wurde. Aber sie wurde gewissermaßen von ihnen vergessen, weil sie mehr an Kraft, Macht über andere Menschen und ähnlichen Dingen interessiert waren. Die Idee vom Verlieren der eigenen Wichtigkeit war für sie eher ein Fremdwort; sie lag ihnen besonders fern. Aber die Technik war da, und die neuen Zauberer haben sie wiederbelebt. Und sie wurde von Generation zu Generation weitergegeben, bis hin zum Nagual Carlos und uns. Wir halten sie wirklich für die grundlegendste Technik der Zauberei und für die wirksamste von allen Techniken, die wir gelernt haben, um den Montagepunkt zu bewegen. Die Rekapitulation ist wirklich die beste Technik für den modernen Menschen, und deshalb legen wir auch so viel Nachdruck auf sie. Don Juan hat ihre zentrale Bedeutung immer wieder betont, und dies vor allem auch deshalb, weil jeder sie praktizieren kann. Du brauchst dazu kein »Zauberlehrling« oder etwas Ähnliches zu sein. Jeder mit minimalem Interesse kann damit anfangen – man braucht dazu nicht einmal besonders eifrig zu sein, ein wenig Neugier genügt.

Es ist eine Technik zum Auslöschen der Vorstellung vom Selbst oder was immer das Selbst sein mag, im Sinne eines Auslöschens all der Erinnerungen und Verbindungen, die man während seines Lebens hatte beziehungsweise eingegangen ist. Und es ist nicht nur eine Idee. Ich sage zwar, dass es eine Idee ist, aber es ist vor allem eine energetische Idee, denn wenn man mit anderen Personen interagiert, findet selbstverständlich ein Energieaustausch statt. Eine Menge von Energie haben wir auch an Dinge verloren oder in ihnen zurückgelassen. Ausgelöst durch Sorgen oder Emotionen, haben wir sie in der Welt oder in Leuten zurückgelassen. Und die Strategie – weil es sich bei ihr um eine Strategie der Zauberer handelt – ist es, all das wiederzugewinnen, es zurückzuholen, damit du es alles jetzt bei dir hast, in der Gegenwart. Warum sollte man es weiterhin in einer dunklen Vergangenheit umherschweifen lassen, die dich auf die Art auf der Position fixiert hält, an der du dich gerade befindest?

Zuerst sucht man sich einen Platz zum Sitzen, an dem man allein ist und an dem man seine Ruhe hat, vorzugsweise einen Schrank, eine große Kiste oder gar eine Duschkabine, weil du einen abgeschlossenen Raum brauchst. Die Zauberer hatten zu diesem Zweck ihre »Rekapitulationskästen«, Erdsärge, in denen sie sich selbst begruben, oder sie benutzten Höhlen. Ich begann meine Rekapitulation in einer kleinen Höhle. Etwas, das den Energiekörper umschließt, so dass ein Druck auf das leuchtende Selbst ausgeübt wird.

Bevor du dich hinsetzt, machst du deine Liste. Auf dieser Liste verzeichnest du jeden, den du jemals getroffen und mit dem du nur im Entferntesten während deines Lebens zu tun gehabt hast. Das braucht einiges an Anstrengung und einiges an Erinnerungsarbeit. Diese Arbeit an sich lockert den Montagepunkt bereits ein wenig. Also handelt es sich hierbei um eine Art vorbereitende Übung. Während du nun im Geiste zurückgehst und dich an jeden erinnerst, den du je gekannt hast, arbeitest du dich von der Gegenwart aus immer weiter zurück in die Vergangenheit und notierst all die Leute, mit denen du zusammengearbeitet hast, deine Familie, deine Freunde, jeden, mit dem du irgendwie zu tun hattest. Tatsächlich solltest du sogar zwei Listen machen. Die erste ist allein deinen sexuellen Erfahrungen vorbehalten. Sie umfasst jeden, mit dem du sexuell interagiert hast. Und die Zauberer empfehlen ganz dringend, hiermit anzufangen, weil gerade hier der Großteil der Energie gebunden ist; und wenn du diese zuerst zurückholst, gibt dir das einen Energieschub, der es dir leichter macht, die anderen Leute zu rekapitulieren.

Also hast du zwei Listen und setzt dich mit ihnen in den Rekapitulationskasten, in eine Höhle oder einen Schrank. Und dann beginnst du mit der Atmung. Das dritte Element der Rekapitulation ist – neben den Listen und der Kiste beziehungsweise dem Platz – die Atemtechnik. Und die Atemtechnik ist sehr wichtig, weil es der Atem ist, der die Energiefasern entwirrt. Das ist bereits von der *Absicht* in ihm verankert. Unsere Interaktionen mit anderen sind Sache des Energiekörpers, und der Atem bewegt die leuchtenden Fasern. Du beginnst auf deiner rechten Schulter, über die du dein Kinn legst – das beschreibe ich in meinem Buch eigentlich schon sehr genau, aber egal –, jedenfalls beginnst du mit dem Kinn auf deiner rechten Schulter. Und wenn du dann die Szene, den Platz mitsamt den beteiligten Leuten vor deinem inneren Auge aufgebaut hast, wenn du alles an seinen Platz gerückt hast und die Szene in allen Details vollkommen visualisiert hast, dann atmest du ein und bewegst deinen Kopf von der rechten Schulter weg bis hin zur linken. Und dann atmest du aus, während du den Kopf zur rechten Schulter zurückbewegst. Bewege dann den Kopf zur Mitte zurück. Du machst eine fegende Bewegung mit dem Kopf. Es ist so, als ob du die Szene hinwegfegen würdest. Du fegst den gesamten Raum, die Person, den Platz oder was auch immer. Und du holst dir beim Einatmen all das zurück, was du da draußen zurückgelassen hattest, und atmest all das aus, was immer von der Energie einer anderen Person in dir zurückgeblieben ist. Du atmest es aus und gibst es gleichsam zurück. In diesem Sinne löst du dich selbst von der betreffenden Begegnung oder dem betreffenden Ereignis. Und das machst du dann mit allem anderen genauso.

Form- und musterlos

Nachdem du das mit deinem ganzen Leben gemacht hast, wirst du dich bereits ganz schön stark von deiner erinnerten Vergangenheit gelöst haben. Es handelt sich hierbei übrigens nicht um eine psychologische Analyse. Es geht bei der Rekapitulation jedenfalls nicht um eine Selbstanalyse, aber du wirst nicht darum herumkommen, in der Art, in der du dich gewöhnlich verhältst und handelst, und in dem, was von dir erwartet wird, ein Muster zu erkennen, ein absolutes Muster, das dich vollkommen bestimmt und beherrscht. Durch die Atemtechnik zerbrichst du eben dieses Muster. Was du also letztlich mit der Rekapitulation bewirken willst, ist, dich selbst zu einem formlosen, musterlosen Verhalten zu befähigen, was die grundsätzliche Handlungsweise der Zauberer ist. Ein Zauberer ist in seinen Handlungen und in seinem Verhalten absolut im Fluss sein. Und das bringt uns wieder auf das *Pirschen* zurück.

Ein *Pirscher* ist jemand, der sich selbst unauffällig macht, jemand, der die Kunst des Unauffällig-Seins beherrscht. Er hat kein Selbst, kein Muster, nichts zu beteuern, keine Argumente vorzubringen, keine Forderungen, kein Verlangen, keine Wünsche. All das wird durch die Rekapitulation ausgeschaltet.

Und dann gibt es noch ein paar andere Dinge, die in diesem Zusammenhang unbedingt angegangen werden müssen, und da ist vor allem das Ausschalten des inneren Dialogs zu nennen. Dies ist sehr wichtig, damit du im Hier und Jetzt mit all deiner zurückgeholten Energie nicht weiter auf der Wiederholung derselben alten Verhaltensmuster bestehst. Denn diese Muster werden vor allem durch den inneren Dialog verinnerlicht und aufrechterhalten, indem wir uns immer wieder bestimmte Dinge vorhalten, wie etwa »Oh, ich bin wirklich ein mieses Stück« oder »Niemand mag mich« oder »Ich muss das einfach schaffen, ich muss mich hier selbst beweisen«. Was immer einem auch durch den Kopf gehen mag, es ist ein konstanter Fluss von Gedanken und Reaffirmationen des Selbst. Und deshalb, so sagen die Zauberer, ist es vor allem nötig, diese ständige Bestätigung des Selbst anzuhalten, die letztlich den Montagepunkt auf seinem Platz fixiert hält und gleichzeitig diese Position des Montagepunktes ist.

Nun bewirken die Atmung während der Rekapitulation, das Zurückgehen in die Vergangenheit, die folgende Vorwärtsbewegung in das Jetzt und die intensive Konzentration, die nötig ist, um dazusitzen und diese Dinge zu visualisieren, minimale Verschiebungen des Montagepunktes. Wer immer die Rekapitulation praktiziert, wird dabei bestimmte Dinge erkennen. Man erkennt zum Beispiel: »Oh Gott, was ich da tue, habe ich schon einmal vor zehn Jahren gemacht und jetzt habe ich mich wieder darauf eingelassen.« Dieselben Beziehungen, wieder und wieder, derselbe Typ Mann, derselbe Typ Frau. Wir kennen da jemanden, der von sich sagt, dass er sich immer wieder schwierige Frauen aussucht. (Sie lacht.) Ich weiß zwar nicht, was das bedeutet, aber es ist offensichtlich wahr. Es ist, als ob diese Person dazu verdammt sei, schwierige Beziehungen zu haben. Auf diese Art werden Muster ständig wiederholt, egal welche Art Muster auch immer, und jeder, der rekapituliert, wird das ganz klar *sehen*.

So kann der *Seher* in uns nach und nach aus seinem Gefängnis ausbrechen. Du wirst feststellen, dass du schon allein durch die Praxis der Rekapitulation in deinem normalen Leben ruhiger wirst, aber praktiziere trotzdem zusätzlich einmal in der Woche Techniken zum Anhalten des inneren Dialogs, wie etwa die, die ich in meinem Buch beschreibe. Carlos Castaneda hat in seinen Büchern auch viele solche Techniken beschrieben, wie etwa die Techniken des Gaffens. Du kannst aber auch eine einfache Streichholz-Technik nutzen. Du musst dabei einfach nur die Flamme aufrechterhalten, während du sie anschaust. Es geht dabei darum, das Streichholz ganz abbrennen zu lassen, daher löschst du die Spitze des Streichholzes vorsichtig, wenn es halb abgebrannt ist, nimmst es, wenn die Spitze abgekühlt ist, mit den Fingern der linken Hand und drehst das Streichholz um. Beobachte, wie der Rest des Streichholzes vor deinen Augen abbrennt. Das beruhigt den inneren Dialog. Du kannst auch weniger aufwendige Techniken der Meditation einsetzen. Aber ich empfehle dir, dich besser nicht allzu tief in östliche Meditationstechniken hineinzuversenken, da du bereits stark von der Rekapitulation beansprucht wirst und du dich nicht zudem auf irgendwelche festen Formen fixieren solltest. Als abstrakte Zauberer praktizieren wir lediglich ein Minimum an Techniken, damit wir vom Selbst wegkommen können. Wir vermeiden wenn möglich den Bereich des Ego und der Bestätigungen des Ego, in denen es dann immer heißt: »Jetzt bin ich ein Praktiker der Meditation« oder »Jetzt bin ich ...«

Also wollt ihr kein Selbstbild aufbauen, nicht einmal das Bild von euch selbst als spirituelle Person.
Nein, wir wollen kein Selbstbild aufbauen. Wir wollen dazu nicht auch noch beitragen. Und wenn du in der Re-

kapitulation *siehst,* wie viel du davon loswerden musst, dann bist du sehr vorsichtig damit und wirst es vermeiden, dazu auch noch beizutragen. (Sie lacht.) Du willst ja wohl nicht deine eigene Wichtigkeit in neuen Bereichen steigern, nur weil du sie in anderen Bereichen gerade losgeworden bist. Anstelle dessen benutzt du diese Energie für die Auseinandersetzung mit deinem Ehemann oder deiner Frau. Und da kommt die Makellosigkeit ins Spiel. Du willst dein alltägliches Verhalten auf einer makellosen Ebene aufrechterhalten, was bedeutet, dass du dein Bestes tun musst, einfach und bescheiden dein Bestes.

Wir sind nicht länger daran interessiert, das Ego oder das Selbst zu behaupten oder es gar zu verteidigen. Der Großteil unserer Energie geht tatsächlich in die Verteidigung des Selbst, weil, wenn es von rechts und links attackiert wird ... Ich will damit sagen, du kannst nicht einmal aus dem Haus gehen, ohne dass ... und selbst in deinem eigenen Haus ist ständig etwas, das bedrohlich ist, oder dein Chef sagt etwas, jemand schaut dich schief an oder man ignoriert dich schlicht und einfach, dies oder das. Und sofort zieht man sich zurück und baut ein »So schlecht bin ich doch gar nicht. Die verstehen mich einfach nicht« auf. Unser Verstand ist bemüht, blitzschnell einzugreifen und all diese Dinge wieder ins Lot zu bringen. Stattdessen kann man die Dinge aber auch einfach auf sich beruhen lassen. Man ist nicht mehr an der Verteidigung des Selbst interessiert. Im Gegenteil, man ist daran interessiert, das Selbst endgültig loszuwerden, es auszulöschen. Don Juan hatte dazu ein passendes Sprichwort. Er sagte: »Lösche das Selbst und fürchte nichts.« Denn wenn du kein Selbst hast, dann gibt es absolut nichts zu fürchten, weil alle Befürchtungen, Ängste, Enttäuschungen und so weiter von unserer eigenen Selbstvorstellung oder von den Vorstellungen des Selbst stammen, wie etwa bestimmte Erwartungen, die nicht eingetroffen sind. Und es geht hierbei nicht nur um negative Dinge, denn wenn positive Dinge geschehen, dann fühlst du dich gut, wie du weißt. Was ich sagte, gilt in beide Richtungen.

In dieser Hinsicht sind *Pirscher* tatsächlich indifferent, sie sind losgelöst, und das führt uns an den Beginn unseres Gespräches zurück. Was die *Pirscher* wirklich erreichen wollen, ist, sich selbst vom Selbst loszulösen, was letztlich besagt, dass sie ihr Bewusstsein von der Position des Montagepunktes lösen, an die er durch den Einfluss der Gesellschaft, der Eltern, durch die einfache Tatsache, dass wir in eine bestimmte Familie hineingeboren wurden, dass wir bestimmte Beziehungen haben, fixiert worden ist und uns dadurch zwingt, das zu sein, was wir sind, und uns mithin in ein Gefängnis sperrt. Und das nicht nur im übertragenen Sinne!

Wenn wir rekapitulieren und uns von all dem lösen, was je geschehen ist, dann beginnen wir zu schweben. Der Montagepunkt wird frei. Er kann sich bewegen, und das auf eine sehr harmonische Weise. Er bewegt sich ohne die Hilfe von Drogen, ohne die Hilfe einer anderen Person oder eines Nagual. Und das ist entscheidend, denn immer, wenn ein äußerer Faktor vonnöten ist, bist du nicht frei, du bist von eben dieser Sache abhängig. Somit ist das Einzige, von dem der moderne Zauberer oder *Pirscher* wirklich abhängig ist, etwas so Abstraktes, dass er es nur als »der

Die Kunst des Pirschens

Geist« oder als »das Unbekannte« bezeichnen kann. Und indem sie sich des Selbst entledigen, geben die *Pirscher* es gleichsam dem Adler als eine symbolische Bezahlung. Sie geben sich selbst in einem symbolischen Tod. Und in diesem Sinne, so sagen sie, gestattet es der Adler dem makellosen Krieger zu entkommen. Was diese Metapher ausdrückt, ist, dass jemand, der rekapituliert und somit seine Energie von den Erwartungen der Alltagswelt losgelöst hat, fähig ist, sich sonst wohin zu bewegen. Er ist fähig, kontrolliert zu *träumen*, weil er nicht einmal mehr im *Träumen* ein Selbst hat.

Und das unterscheidet die neuen Zauberer von jenen der alten Zeit. Die alten Zauberer verbanden ihr *Träumen* mit ihrem schweren, aufgeblähten Ego und infolge dessen gerieten sie natürlich auf verschiedenen Stufen des *Träumens* in eine Falle, indem sie sich darin verloren. Sie waren unfähig zurückzukehren, ihren Montagepunkt zurückzubewegen, weil sie einfach zu schwer waren. Sie hatten ihre eigenen Vorstellungen von Kraft und wurden davon besessen.

Ein *Pirscher* hingegen ist von absolut gar nichts besessen. Er behandelt die ganze Welt als *kontrollierte Torheit*. Und das bedeutet für ihn, dass alles in der Welt dazu da ist, benutzt zu werden. Da gibt es Ordnung, da gibt es Struktur. Aber man sollte sie nicht ernst nehmen, weil es andere Ordnungen, andere Strukturen gibt, eine unendliche Zahl von Schichten dieser Zwiebel der einen Wirklichkeit, und der *Pirscher* kann überall hingehen. Aber wo immer er auch ist, er erschafft seine Ordnung und seine Struktur, und wenn der Geist ihn bewegt, dann bewegt irgendetwas seinen Montagepunkt und er bewegt sich sonst wohin. Und er ist genauso makellos in seinen Träumen wie auch in dieser Alltagswelt, falls und wenn er sich denn gerade in ihr befindet. Aber ein *Pirscher* beginnt seinen Weg hier in der Alltagswelt, und aus diesem Grund ist die Rekapitulation auch für jeden zugänglich. Sie starten hier, genau an dem Ort, an dem sie sich gerade befinden. Und sie starten mit ihrer Liste und ihrem Platz, sie fegen die Vergangenheit hinweg. Dann bringen sie sich innerlich zum Schweigen, damit sie nicht noch mehr von diesem Müll aufsammeln, indem sie bestimmte Methoden des Gaffens anwenden und bestimmte körperliche Bewegungen ausführen. Damit meine ich keine akrobatischen Übungen oder Ähnliches, sondern bestimmte magische Bewegungen der Zauberer (Tensegrity), die von Generation zu Generation weitergegeben wurden.

Genauso gut kann man sich auch einfach schweigend hinsetzen – man muss es nicht einmal Meditation nennen – und den inneren Dialog abschalten. Nach und nach verlängert man diese Augenblicke der Stille. Und dann irgendwann wirst du die Kraft erlangen, die aus der reinen Stille stammt. Diese Kraft wird es dir erlauben, deinen Montagepunkt aus der Position des Alltagsbewusstseins in eine Position des gesteigerten Bewusstseins hinein zu verschieben. Das ist der Augenblick, in dem die Praktiker – man muss sie nicht einmal Zauberer nennen – in die gesteigerte Bewusstheit eintreten. Es ist der Augenblick, in dem sie fähig werden, diese Stille auf alles auszudehnen, was immer sie auch gerade tun. Und sie sind durchaus aktiv. Egal, ob du nun arbeitest, ob du Auto fährst oder was auch immer, tue es schweigend, weil du die Vorstellung des Selbst nicht wieder aufsteigen lassen willst. Und dann benutzt man natürlich auch die vielen kleinen Tyrannen in der Welt, vorausgesetzt, dass man bereits ein gewisses Maß rekapituliert hat ... An diesem Punkt muss ich anmerken, dass es sich letztlich nicht nur um eine Rekapitulation handelt ... In Wirklichkeit ist es nämlich ein fortlaufender Prozess, weil du, nachdem du deine sexuellen Erlebnisse und Begegnungen rekapituliert hast, erst einmal alle Menschen rekapitulieren musst, die du in deinem Leben gekannt hast. Und dann geht man zurück zu speziellen Themen. Das ist nötig, weil du zum Beispiel auf der Arbeit oder bei irgendeinem Ereignis am Tag bemerkst: »Oh Junge, das hat mir einen Stoß versetzt, das hat mich wirklich getroffen.« Und dann fragst du dich in der Rekapitulation, warum dich das getroffen hat, und du kannst dabei auf ungelöste Linien aus der Vergangenheit, auf bestimmte Themen stoßen. So etwa auf das Thema, geliebt werden zu wollen, das sehr verbreitet zu sein scheint. Jeder scheint jemanden zu brauchen, der ihn mag, ihn unterstützt, ihm Anerkennung zollt. Dieser Drang muss beseitigt werden, aber es stellt sich heraus, dass dies eine sehr starke Triebkraft ist, die uns gesellschaftlich in Reih und Glied stehen lässt und uns somit bindet. Denn solange dieser Trieb vorhanden ist, ist man in der gleichen Lage wie der Esel, dem eine an einem Stock befestigte Mohrrübe vor die Nase gehalten wird, die er nie erreichen kann. Es muss keine Mohrrübe sein, die man dir vor die Nase hält – alles, worauf der Körper natürlich und spontan reagiert, hat einen solchen Effekt ...

Würdest du denn sagen, dass es eine große Errungenschaft für den angehenden Seher ist, wenn er einen Punkt erreicht, an dem er sich nicht mehr darum kümmert, ob er gemocht wird oder nicht?

Ja, das ist eine große Errungenschaft. Absolut. Das heißt für jemanden, der wirklich Probleme damit hat. Nun, es gibt aber ein paar wenige, die sich von vornherein einen Dreck darum kümmern, ehrlich. Sie haben genügend Energie. Und weißt du, wovon das abhängt? Gemocht zu werden, gemocht werden zu wollen? Die Zauberer haben da eine Theorie, die auf der Idee basiert, dass alles von der Energie abhängt, die uns bei unserer eigenen Zeugung gegeben wurde. Und dabei spielt es eine große Rolle, ob deine Eltern sich gemocht haben, und das meine ich im sexuellen Sinne, ob es für sie gut war, ob es eine wirklich großartige sexuelle Erfahrung für sie war. Und ich meine für beide, für Mutter und Vater. Wenn dies so ist, dann wird das Kind durch seine Empfängnis diesen großen Ausbruch von Energie erhalten und selbst zu einem zum Bersten mit Energie angefüllten Kind werden. Ein solcher Mensch mag sich später wirklich nicht darum kümmern, ob er gemocht wird oder nicht, weil er dieses innere Gefühl des energetischen Wohlergehens hat. Aber wenn auch nur ein Elternteil gelangweilt war – Don Juan nannte die daraus resultierenden Kinder immer eine »gelangweilte Empfängnis« – oder das Kind aus einer langweiligen Erfahrung heraus entstanden ist, dann ist da natürlich kein Feuer. Oder es kann auch sein, dass die Partner sich nicht einmal mochten, sie vollführten lediglich die essentiellen Bewegungen der Fortpflanzung und hatten diese künstliche sexuelle Erfahrung nur aus dem Grund, weil sie verheiratet waren und es wieder einmal Freitagabend war. In einem solchen Fall wird das daraus resultierende Kind mit einem Mangel zur Welt kommen. Es wird immer fühlen, dass ihm etwas fehlt, und daraus resultiert dann sein späteres Bedürfnis, gemocht zu werden. Es will von seinen Altersgenossen gemocht werden, es will von seiner Mama gemocht werden, und dabei kann es durchaus sein, dass die Mama ihren Balg überhaupt nicht ausstehen kann.

Und das alles ist nicht bloß blanke Theorie, sondern etwas, das die Zauberer durch ihr *Sehen* erkannt haben. Sie können tatsächlich *sehen*, wie »energetisch« ein leuchtendes Wesen ist. Sie können die Bewegung der Energie *sehen*. Bei manchen Menschen wirkt sie träge und stagnierend, und natürlich drückt sich das in einer sehr niedrigen oder geringen Lebensfreude aus. Die Sorte Leute, die sich von Tag zu Tag schleppen. Diese Art von Lebensgefühl. Andere hingegen haben jede Menge Energie. Für sie ist alles eine Herausforderung. Ein Abenteuer. Von Natur aus dominieren sie über andere Menschen. Sie haben dieses Charisma, eine Art mesmerischen Effekt auf die anderen und auch auf die Dinge um sie herum. Und sie haben vielleicht nicht einmal das Bedürfnis danach. Sie sind ohnehin nicht so bedürftig wie die anderen, die sich nur darum kümmern, ob sie gemocht werden oder nicht.

Aber natürlich wird eine Person mit so viel Energie die Aufmerksamkeit aller möglichen bedürftigen Schwächlinge auf sich ziehen, die daran nuckeln wollen wie an Mamas Brust.

(Sie lacht.) Richtig. Man zieht solche Leute sogar an. Die Zauberer sagen, dass das Selbst ein metaphorischer Dolch ist, mit dem wir uns selbst verletzen. Aber das ist schon in Ordnung, solange wir nicht allein bluten. Solange andere da sind, die mit uns bluten, sind wir wirklich okay. (Sie lacht.) Solange sich jemand schlechter fühlt als wir selbst, sind wir glücklich. Aber in der Rekapitulation wirst du diese bedürftigen Menschen aufgeben – und ich muss mich hier selbst in diese Kategorie einreihen, denn ich bin alles andere als das Produkt von leidenschaftlicher Liebe – weil du sie in der Rekapitulation als deine privaten Dämonen erkennen wirst. Das ist auch der Grund, warum ich sage, dass die Rekapitulation nie abgeschlossen ist, denn selbst als ich mit Don Juan und seinen Leuten zusammen war ... Okay, sie hatten eben genug Energie, um mein, wie ich es nenne, Defizit auszugleichen. Ihre Energie hob mich problemlos auf ein höheres Niveau. Aber sobald sie gegangen waren – sie brauchten nur den Raum zu verlassen, in dem ich mich gerade befand –, da sank ich zurück auf mein natürliches Niveau, und schon verlangte ich wieder nach Aufmerksamkeit. Und all die anderen Lehrlinge waren genauso. Natürlich stellten sie uns auf die Probe, indem sie uns einfach ignorierten, nicht mit uns sprachen oder indem sie etwas zusammen mit anderen unternahmen, während wir unbedingt mit einbezogen werden wollten. Wenn ich also hier von der Rekapitulation rede, so meine ich, dass sie unbedingt in der Alltagswelt versucht und auch getestet werden sollte. Du kannst dich nicht in die Wüste verziehen, dort rekapitulieren, dich dann gut fühlen und das war es. Du musst dich selbst wieder mit Leuten konfrontieren und *sehen*, was es gebracht hat. Geh zurück zu deiner Mutter, zu deinem Vater. Was unternehmen sie, um dich dazu zu bringen, wieder wie das kleine Mädchen oder wie der kleine Junge zu reagieren, der sich von seiner Mutti die dreckige Wäsche waschen, sich bekochen und sich nach Strich und Faden verwöhnen lässt? Wir tragen diese Gefühle immer noch in uns.

Also ist die Rekapitulation für sich allein noch nicht ausreichend, sie ist keine endgültige Lösung. *Pirscher* pirschen sich selbst an, und wenn sie in der Welt mit anderen Leuten konfrontiert sind, dann pirschen sie sich ständig selbst an und *sehen*, was geschieht.

Der Übergang der Zauberer

Ich denke, dass das ein Thema ist, das nur von den Leuten wirklich verstanden wird, die ernsthaft und praktisch interessiert sind. Kann ich dich trotzdem dazu bringen, mehr über das Pirschen zu erzählen?
Damit werde ich oft bei meinen Lesungen konfrontiert. Die Leute wollen von mir immer ganz genau wissen, was *Pirschen* ist. Und es gibt da zwei Möglichkeiten, sich dem anzunähern. Erstens, als eine Art allgemeine Definition sage ich immer, dass ein *Pirscher* jemand ist, der aus dem Unauffällig-Sein eine Kunst macht. Und das bedeutet, dass er sich selbst in den Hintergrund stellt. Außerdem gibt es ein spezielles Training, das angewandt wird, um zu lernen, wie man unauffällig wird. Und ich werde dir auch gern sagen, warum es notwendig ist, unauffällig zu sein ...

Nun lass mich dir eine andere Variante vorstellen, wie ein *Pirscher* über das *Pirschen* spricht: Es ist dazu bestimmt, dem Zauberer oder Praktiker einen Anstoß zu geben, und unter einem solchen Anstoß verstehen wir einen gewissen Schub oder einen leichten energetischen Ausbruch, der den Montagepunkt zum Zittern und zu gelegentlichen leichten Verschiebungen veranlasst. Nun denke ich, dass ich erst einmal eingehender über den Montagepunkt sprechen muss, denn genau er ist es, auf den die *Pirscher* abzielen. Sie versuchen eine Verschiebung oder eine Bewegung des Montagepunktes zu erzielen, und durch diese Bewegung oder Verschiebung verändert sich letztendlich die Wahrnehmung der Welt. Die Wahrnehmung kann selbstverständlich auch durch das *Träumen* verändert werden, aber *Pirscher* erstreben diese Veränderung während ihres normalen Wachzustands. Also besagt die Weltsicht der Zauberer, dass alles, was wir in unserem Wachzustand als unsere Welt wahrnehmen, in Wirklichkeit eine Frage der Position des Montagepunktes ist. Ich bin mir sicher, dass ihr alle mit Castanedas Büchern vertraut seid und dass ihr bereits wisst, was unter dem Montagepunkt zu verstehen ist, aber lasst es mich hier noch einmal wiederholen. Es ist der fokussierende Punkt des Bewusstseins, bestehend aus reiner Leuchtkraft, der sich auf der Schale des leuchtenden Kokons eines jeden lebenden Wesens findet.

Wir sind der Überzeugung, dass der Energiekörper des Menschen eine Ansammlung unendlich vieler leuchtender Fasern ist, und jede dieser Fasern ist eine spezifische Bewusstheit. Insofern ist ihr Licht kein physikalisches

Phänomen wie etwa Elektrizität, sondern es handelt sich bei ihnen um eine lichtähnliche Bewusstheit. Und auf der Schale des leuchtenden Eis, das den Energiekörper des Menschen bildet, befindet sich ein Punkt von besonders großer Leuchtkraft, an dem die Konzentration der Person, ihr Bewusstsein, zusammengesetzt beziehungsweise montiert wird. Dieser hell leuchtende Punkt hat etwa die Größe eines Golfballs, natürlich aus der Perspektive eines *Sehers*, der das leuchtende Wesen der betreffenden Person *sieht*. Aber er kann seine Größe ändern, genauso wie er seine Position an der Oberfläche des leuchtenden Körpers ändern kann. Und diese spezifische Lokalisation des Montagepunktes bestimmt, was letztlich wahrgenommen wird, weil eine Ausrichtung zwischen den jeweils aufleuchtenden Fasern im Inneren des leuchtenden Körpers und den entsprechenden Fasern des Universums außerhalb stattfindet.

Hier muss angemerkt werden, dass die Zauberer ebenso behaupten, dass das Universum als Ganzes eine Ansammlung unendlich vieler Energiefasern ist, wobei zu beachten ist, dass es für den Menschen Fasern von zweierlei Kategorien gibt: Einige dieser Fasern sind für uns wahrnehmbar, andere hingegen entziehen sich vollkommen der Wahrnehmungskapazität des Menschen. Zusammenfassend bleibt zu sagen, dass die Position des Montagepunktes, jenes erhellten Areals auf der Schale des leuchtenden Eis, eine Ausrichtung mit den äußeren Fasern des Universums bewirkt, was letztlich die Wahrnehmung hervorruft.

Ist dieses Prinzip allgemein gültig, das heißt, trifft es für jeden zu?

Bei uns allen befindet sich der Montagepunkt mehr oder weniger am gleichen Platz, weil ein Kind bald nach der Geburt kraft der Tatsache, dass es ein menschliches Kind und ein menschliches Wesen – eine soziale Person – ist, dazu gezwungen wird, die Lokalisation seines Montagepunktes an die der anderen menschlichen Wesen in seiner Umgebung anzugleichen. Dies geschieht, damit andere mit ihm interagieren können, die gleiche Welt wahrnehmen und wir letztlich alle in dem übereinstimmen, was wir als Welt wahrnehmen. Dabei ist diese Welt nur ein Segment aus einer Vielzahl von Wahrnehmungsmöglichkeiten, die uns ursprünglich offen stehen. Nur weil unsere Montagepunkte sich alle am gleichen Ort befinden, können wir eine Sprache miteinander teilen, können uns über Bäume, Autos, solide Mauern und Fußböden unterhalten. Und aus demselben Grund können wir überhaupt eine räumliche und zeitliche Kontinuität wahrnehmen. Wir wissen, dass es ein Gestern gab, und es wird auch ein Morgen geben. All das ist nur eine Folge der bei uns allen einheitlichen Position des Montagepunktes. Die Zeit und unser Konzept von allem, was wir als zeitlich kennen, wird determiniert durch die jeweilige Position dieses Punktes gesteigerter Konzentration und Bewusstheit. Und wenn, hervorgerufen durch irgendeine Anomalität, sich dieser Punkt nicht an dem Platz befindet, wo der Montagepunkt beim Menschen normalerweise vermutet wird und an dem er sich befinden sollte, dann sind diese Leute entweder Zauberer (und auf die werden wir gleich noch zu sprechen kommen) oder sie sind potenzielle Kandidaten für eine Geisteskrankheit. Daher findet man oft Leute in geschlossenen Anstalten, deren Montagepunkt sich auf einer anderen Position befindet als der, auf der die anderen Menschen ihre Montagepunkte fixiert halten. Und aus demselben Grund verfügen jene Leute über keine Intersubjektivität im Sinne der Wahrnehmung. Sie können einfach keine Übereinkunft mit dem eingehen, was gemeinhin Wirklichkeit konstituiert. Es gibt da ein imperatives Mandat, man könnte sogar sagen, einen biologischen Imperativ, der besagt, dass alle menschlichen Wesen ihren Montagepunkt auf jener bestimmten Position fixiert halten sollen, so dass sie letztlich das sein können, was wir »Mensch« nennen. Tiere haben andere Lokationen für ihren Montagepunkt, und das ist es, was letztlich ihre jeweilige Spezies definiert beziehungsweise fixiert. Bäume haben ihre Montagepunkte an einem bestimmten Platz innerhalb ihrer leuchtenden Sphäre, und das macht sie eben zu Bäumen.

Könnten wir also die Position unseres Montagepunktes als Übereinkunft der kollektiven Persona auf eine Wirklichkeit bezeichnen?
Exakt. Es ist unsere Persona, unsere soziale Person. Nun ist aber diese Person, so sagen die Zauberer, durchaus nicht alles, was wir als Menschen fähig sind zu sein. Folglich können wir mehr sein als nur eine soziale Person. Um dies zu erreichen, um eben mehr zu sein als das, zu was die Gesellschaft oder unser Geburtsrecht uns bestimmt haben, müssen wir den Platz unseres Montagepunktes

verschieben oder bewegen. Wir müssen ihn zunächst aus seiner Stagnation befreien. Wenn uns das gelingt, dann ist der Montagepunkt nicht nur fähig, sich an einen anderen Ort zu bewegen, sondern, wenn er das tut, werden auch andere leuchtende, intelligente Fasern der Bewusstheit erhellt und an den entsprechenden Fasern im Universum ausgerichtet, was die Konstitution anderer Wirklichkeiten zur Folge hat. Und diese anderen Wirklichkeiten sind genauso real und fest wie die, die wir kennen. Das liegt daran, dass die Wirklichkeit, in der wir uns jetzt befinden, aufgrund dessen von uns als unleugbar real bezeichnet werden kann, weil wir eine Übereinkunft darüber haben, dass dies die eigentliche Natur unserer Welt sei. Und diese Übereinkunft basiert wiederum auf der kollektiven Fixierung des Montagepunkts.

Wenn er sich verschiebt – und das tut er, er bewegt sich von selbst in den Träumen – nennen wir diesen Traum realistisch, natürlich ganz klar unterschieden vom Wachzustand. Auf diese Weise erkennen wir die Tatsache an, dass es andere Sphären der Erfahrung gibt, aber wir beziehen uns auf diese immer nur aus der Position der Alltagswelt heraus. Aber Zauberer tun das nicht. Sie sagen, dass man auch die Alltagswirklichkeit verschieben kann, und das während des Wachzustands. Dazu muss man sich nicht des *Träumens* bedienen. Das *Träumen*, von dem ich hier spreche, ist selbstverständlich die Kontrolle über die Bewegung des Montagepunktes im Schlaf, während der Träume, und die Fixierung des Punktes kann überall stattfinden.

Und das kann man praktizieren, ohne verrückt zu sein oder verrückt zu werden?
Ja, durchaus.

Das ist schon an und für sich eine revolutionäre Behauptung.
Weil unsere Übereinkunft sagt, ja, es gibt eine Menge verrückter Leute da draußen, die unter Halluzinationen leiden. Sie sehen Monster und was nicht noch alles. Aber diese Leute sind irgendwie geistig gestört, und in diesem Sinne, aus der Sicht der sozialen Ordnung, sind sie tatsächlich geistig gestört, und das in der Hinsicht, dass sie ihren Montagepunkt nicht dort stabilisieren konnten, wo jeder andere ihn platziert hat. Irgendwie ist der Montagepunkt dieser Leute in Fluss geraten, er verschiebt sich ständig, und daher sind sie natürlich verrückt, weil sie halluzinieren und nicht die Energie dazu haben, ihren Montagepunkt auf irgendeiner gegebenen Position zu halten. Wenn sie diese Energie hätten und die dazu nötige Kontrolle aufbringen könnten, dann würden sie Zauberer sein, weil sie dann nämlich ihre neue Position *anpirschen* würden.

Ja, das sehe ich ein.
So läuft letztlich alles auf die Frage hinaus, ob man genügend Energie hat, um mehr wahrzunehmen als das, was uns wahrzunehmen erlaubt wurde. Unsere soziale Ordnung erlaubt es uns nicht, uns in andere Sphären vorzuwagen, außer durch Geisteskrankheit oder durch Träume, die von ihr ohnehin als nicht real betrachtet werden. Diese zwei Wege stehen also mehr oder weniger offen, wobei sie

jedoch nicht als wirklich aus sich selbst lebensfähige Wege betrachtet werden können. Nun behaupten die Zauberer, dass man – vorausgesetzt, man hat genügend Energie – den Montagepunkt bewegen und ihn dann auf einer neuen Position fixieren kann. Diese Fixierung ist absolut notwendig, weil man weder verrückt werden will noch irgendwo in diesen Welten stranden will, von denen die Zauberer behaupten, dass sie dort draußen wirklich existieren, angeordnet wie die Schichten einer Zwiebel. Was man also braucht, ist Kontrolle, Energie und dass man im Fluss ist. Und das, was wir »unbeugsame Absicht« nennen. Im-Fluss-Sein befähigt einen dazu, den Montagepunkt von dem gegebenen Punkt wegzubewegen, der uns zur Person macht, und wir werden darauf noch zurückkommen, weil dieser gegebene Punkt, der uns zur Person macht, in Wirklichkeit das ist, was wir das Selbst nennen.

Und das ist der Punkt, an dem wir die eigene Wichtigkeit aus dem Fenster werfen müssen, denn solange wir dem Selbst die Treue halten, halten wir uns tatsächlich an jener spezifischen Position des Montagepunktes fest. Solange wir dies tun, werden wir niemals fähig sein, etwas wahrzunehmen, das über die für selbstverständlich gehaltene Realität da draußen hinausgeht. Uns ist in diesem Fall nur erlaubt, das wahrzunehmen, was unsere gegenwärtige Position innerhalb der sozialen Ordnung gestattet. Also müssen wir im Fluss sein, um unseren Montagepunkt an einen anderen Ort zu bewegen, und dann benötigen wir Stabilität, Konzentration und Energie, um den Montagepunkt in einer anderen Position zu fixieren. Das ist Zauberei im eigentlichen Sinne, die Bewegung und die Fixierung des Montagepunktes, das erneute Fixieren des Montagepunktes auf unterschiedlichen Positionen, wobei gleichzeitig verschiedene Wirklichkeiten erhellt werden, die genauso fest und real sind wie unsere Alltagswelt.

Also hegen und pflegen Zauberer Energie auf verschiedene und einzigartige Weisen, und da gibt es einen Weg der Hege und Pflege der Energie durch das Träumen sowie einen anderen Weg, von dem dein Buch vornehmlich handelt: die Hege und Pflege der Energie durch das Pirschen. Habe ich das richtig verstanden?
Genau. Es gibt da Techniken, Hilfsmittel, die die Zauberer nutzen, und diese schließen Techniken des »Nicht-Tuns« ein, die »Rekapitulation«, die eine fundamentale Technik dazu ist, es dem Montagepunkt zu erlauben, sich vom Punkt des Selbst hinwegzubewegen, Dinge, wie das »Löschen der persönlichen Geschichte«, die einen ebenfalls dazu befähigen, sich von den Erwartungen und Vorstellungen unseres Selbst hinwegzubewegen. Das »Verlieren der eigenen Wichtigkeit« ist natürlich der Schlüssel zu all diesen Dingen, weil, wie ich schon sagte, solange wir an dieser Vorstellung des Selbst, eines starken Selbst, eines Ego, einer Person, die mit anderen Menschen im Sinne einer intersubjektiven Übereinkunft interagiert, festhalten, diese uns auf unserer gewohnten Position festhalten. Du siehst, die Stärke der Welt, der sozialen Ordnung ist so gewaltig durch die Übereinkunft von mehreren Milliarden Menschen, die ihren Montagepunkt auf dieser speziellen Position fixiert halten.

Also könnte man dieses Phänomen auf einer wirklich stark vereinfachenden Ebene als »Gruppenzwang« oder »Erwartungsdruck« bezeichnen, während man es auf universeller Ebene »den Zeitgeist« nennen könnte.

Ja. Auf einer sehr individuellen Ebene könnte man es jedoch eher als »Sichgehenlassen« oder als »Selbstbild« bezeichnen und dann erst in zweiter Hinsicht als »Gruppenzwang« und als »Erwartungsdruck«. Genau all das ist es nämlich. Und auf einer übergeordneten Ebene gelangen wir zur Sprache, wobei wir auf kultureller Ebene auch auf die Familie eingehen müssen, weil all diese Bereiche grundsätzlicher Natur sind. Man muss schließlich all diese Barrieren durchbrechen – das Individuum, die Gruppe, die Familie, die Kultur – und dann auch noch eine gigantische kollektive Unbewusstheit, die alles an seinem Platz hält. Ein Zauberer muss buchstäblich aus alldem hinaus und auf eine andere Stufe springen. Und selbst jenseits dieser kollektiven Unbewusstheit besteht immer noch der biologische Imperativ, dass wir buchstäblich in dieser »Affen-Gestalt« gefangen sind. Wir haben unseren biologischen Trieb, soziale Tiere, Herdentiere zu sein, weil der Mensch tatsächlich ein Gesellschaftswesen ist. Einsamkeit ist etwas, das sich die Leute zu Tode fürchten lässt. Was ich damit sagen will, ist, dass hierin eine der abschreckendsten Vorstellungen, eine wahre Gefahr für alle Neophyten liegt: die Vorstellung, dass sie eine einsame Reise, eine einsame Suche beginnen, weil die Rekapitulation in vollständiger Abgeschiedenheit praktiziert wird. Aber die Leute denken, nun gut, sie könnten sich ja zusammentun, diese Dinge gemeinsam erledigen, solange nur irgendein Gruppenkonsens erhalten wird. Aber man beachte, dass es letztlich genau dieser Gruppenkonsens ist, der die subtile Bewegung des Montagepunktes verhindert.

Also muss man auch diese Kraft überwinden, und dazu benötigt man ausreichend viel Energie. Diese Energie wird durch all die Übungen bereitgestellt, die ich vorhin erwähnte, einschließlich der Makellosigkeit und dem Nutzen des Todes. Man bezahlt mit seinem symbolischen, aber endgültigen Tod, weil man am Ende ohnehin mit dem Tod bezahlen muss. Wenn man dem Weg der Zauberer folgt, wenn jemand wirklich wünscht, sich vom Selbst, sich von der gegebenen Position des Montagepunktes hinwegzubewegen und gleichsam in das Unbekannte aufzubrechen, dann ist dies wie Sterben. Das Selbst muss kapitulieren, und das ist ein entsetzliches Gefühl. Emotional und physisch fühlt es sich an wie – und das ist natürlich nur eine metaphorische Umschreibung – »allein gegen das Universum«.

Und dieser Tod ist ein langwieriger Prozess, wenn ich das richtig verstehe. Ich meine, er geschieht doch nicht in einem plötzlichen, wundersamen Moment. Er ist eben ein Prozess, der Jahre dauern kann. Woran erkennst du, wenn dieser Prozess abgeschlossen ist? Woran erkennst du, dass du endgültig tot bist und das alte Selbst hinter dir gelassen hast oder das geworden bist, was ihr einen »formlosen Krieger« nennt?

Du musst wirklich formlos sein. Du darfst kein Selbst mehr haben. Zuerst einmal ist es, wie du sagst, kein schneller Prozess, obwohl das auch der Fall sein kann. Die

Bewegung des Montagepunktes kann bei manchen Menschen und in Ausnahmefällen sehr plötzlich geschehen. In Schockzuständen kann sich der Montagepunkt zum Beispiel von einem Augenblick auf den anderen sonst wohin bewegen, und eine andere Wirklichkeit konstituiert sich direkt vor den Augen des Betreffenden. Plötzlich ist er ganz woanders. Aber solche Veränderungen sind meist nicht dauerhaft, weil sie von einer äußeren Kraft induziert wurden, und der Montagepunkt verschiebt sich gewöhnlich einfach zurück. Wenn der Zustand hingegen anhält, wissen wir nicht, was mit dieser Person geschehen ist, und das sind dann Fälle für geschlossene Anstalten und ähnliche Institutionen. In diesem Sinne ist eine schrittweise Veränderung die beste, weil man die Kontrolle darüber hat.

Liege ich richtig, wenn ich vermute, dass Drogen oder »Kraftpflanzen« dies ebenfalls induzieren können?
Ja, richtig. Diese können das auch bewirken. Unter dem Einfluss psychotroper Drogen nimmt man andere Welten wahr, denn der Montagepunkt ist völlig aus seiner normalen Position hinausgesprengt. Aber man bewirkt dies nicht selbst, man hat keine Kontrolle darüber, da es sich um einen äußeren Faktor handelt. So kann auch die Präsenz eines Nagual den Montagepunkt bewegen. Seine Makellosigkeit kann den Montagepunkt seiner Schüler bewegen. Er muss ihnen dazu keinen Schlag oder sonst was geben. Allein die Energie kann seine Lehrlinge dazu zwingen, andere Welten zu montieren. Aber auch da ist es etwas Äußeres, das hinzukommt, und wann immer wir in Gesellschaft von Don Juan und seinen Leuten waren, er-

lebten und taten wir – ausgelöst durch ihre Kraft – phantastische Dinge. Wie etwa die Dinge, die ich in meinem Buch beschreibe. Aber als ich wieder zurück in Los Angeles war und sie nicht um mich herum hatte, stand ich hilflos da. Die Macht der sozialen Ordnung übte ihren Druck auf mich aus, und schon kurze Zeit später bewegte sich mein Montagepunkt zurück in die »erste Aufmerksamkeit«. Und das Tragische daran ist natürlich, dass, wenn es einem nicht gelingt, den Montagepunkt an die Plätze zurückzubewegen, an denen er unter dem Einfluss von Don Juan und seinen Leuten gewesen war, man sich kaum erinnern kann, was man dort getan hat oder woraus diese Welten eigentlich bestanden hatten. Sie sind dann wie Träume. Also muss man selbst genug Energie aufspeichern, damit man in die gesteigerte Bewusstheit eintreten kann, den Montagepunkt dort halten kann, um von diesem Sprungbrett aus das Unbekannte zu erkunden. Man bewegt den Montagepunkt dann immer weiter, so dass eine allmähliche Verschiebung gewährleistet ist.

Wie speichert oder bewahrt man die Energie, die man zur Verschiebung und zur Bewegung des Montagepunktes benötigt?
Die Rekapitulation ist die bedeutendste Technik dazu. Ich möchte hier noch kurz erwähnen, dass es noch einen anderen Weg zur Bewegung des Montagepunktes gibt, und das ist der Weg über die reine Makellosigkeit, indem man die Bewegung *beabsichtigt*. Die *Absicht* ist in Wirklichkeit eine Linie, eine Kraft, die uns direkt mit der Energie da draußen verbindet. Und weil sie intelligent ist, ist sie eine

leitende Ordnung in jederlei Hinsicht. Die Zauberer nennen sie den Geist, den Adler. Wenn der Mensch seine persönliche Energie durch makellose Handlungen mit der Energie da draußen verbindet, dann bewegt der Geist selbst den Montagepunkt für ihn, weil er in diesem Sinne die eigene Kontrolle darüber abgegeben hat. Er hat sich selbst, sein Ego abgegeben. Er hat einfach losgelassen und erlaubt es nun der leitenden Kraft, der *Absicht*, ihn zu bewegen. All die Aktivitäten der Zauberer, die ich erwähnte, die Rekapitulation, die Techniken des Nicht-Tuns, all diese sind durch die *Absicht* der Zauberer bereits mit dem Geist verbunden worden. Daher braucht eine Person diese Dinge einfach nur zu praktizieren und sich von der *Absicht* übernehmen zu lassen, und ihr Montagepunkt wird sich bewegen. Dies ist so, weil es sich hier um sehr alte Techniken handelt, die in Don Juans Linie von Generation zu Generation weitergegeben wurden und die daher bereits die Verbindung zum Geist, zur Energie da draußen in sich tragen. So bleibt nur die Notwendigkeit, Energie aufzuspeichern, wie wir bereits gesagt haben, weil das der einzige Weg ist, aus der Gestalt, in die wir als Menschen hineingeboren wurden, hinauszukommen. Wir bevorzugen es daher, den Menschen als »Menschenaffen« zu bezeichnen, weil dies unser eigentliches Dilemma besser darstellt und den Menschen als solchen in den rechten Blickwinkel rückt.

Verwendet ihr diesen Begriff als Metapher, so wie ich es jetzt verstehe, in dem Sinne, dass wir als leuchtende Wesen, die wir in Wirklichkeit sind, im Laufe der Zeit die Gestalt annahmen, die wir heute haben. Dass wir also an irgendeinem Punkt unserer Entwicklung uns selbst als Menschen aus Fleisch und Blut beabsichtigten und dass das, was wir in unserem Innersten sind, etwas ist, das aus der Unendlichkeit »da draußen« stammt, aber dass wir uns nicht – im herkömmlichen Verständnis einer Evolution – vom Affen zum Menschen entwickelt haben? Ich meine, beschäftigt ihr euch überhaupt mit dieser Frage? Ich akzeptiere diese Affen-Metapher durchaus auch in jeder anderen Hinsicht. Aber die Theorie der Evolution der Arten hat mir nie zufriedenstellend erklären können, woher diese anderen Fähigkeiten in uns stammen.

Aha! Die Zauberer sagen, dass wir uns kontinuierlich entwickeln. Deshalb sollten wir uns mit dieser Position des Montagepunktes, die uns zu Affen macht, nicht selbst unnötige Grenzen auferlegen oder gar in ihr verweilen. Wie du selbst sagst, in der Leuchtkraft des Menschen liegt das Potenzial für eine unendliche Zahl anderer Möglichkeiten. Ja, und ich würde mit dir darin übereinstimmen, dass wir aus der Sicht der Evolution an diesem Punkt stehen geblieben und dann quasi selbst auf dieser Position eingerostet sind. Aber die Kraft der Evolution wirkt immer noch auf uns. Zauberer sind Wesen, die irgendwann einmal Menschen waren. Aber sie haben sich zu etwas anderem entwickelt. Sie sind nicht mehr länger Menschen im strengen Sinne des Begriffes, weil sie ihren Montagepunkt sonst wohin bewegen und diese neuen Positionen auch beibehalten können, was sie tatsächlich dazu befähigt, ihre Gestalt zu verändern. Sie sind nicht länger dazu gezwungen, die menschliche Gestalt beizubehalten. So können sie ihren Montagepunkt zum Beispiel abwärts bewegen, hinunter in die Regionen der Tiere, und sich daher auch in solche verwandeln. Sie können ohne allzu großen Aufwand die Gestalt einer Krähe, anderer Vögel, jedes anderen Tieres oder jedes beliebigen Wesens annehmen. Oder sie können sich in unvorstellbare Sphären hineinbewegen, die kein physisches Gegenstück in dieser Welt haben und daher eher als Abstraktionen zu verstehen sind.

Worin liegt der Unterschied zwischen den alten und den neuen Sehern?
Was die neuen Zauberer tun ... Es gibt da eine Unterscheidung zwischen den alten und den neuen Zauberern in Don Juans Linie, wobei man von Letzteren auch als moderne Zauberer sprechen könnte. Hierzu gehören auch Don Juan, sein Lehrer, der Nagual Julian, sowie Don Juans Schüler, der neue Nagual Carlos Castaneda. Und all diese modernen Zauberer waren und sind an einer Entwicklung in Richtung des Abstrakten interessiert, weg von diesen Verschiebungen nach unten, die so einfach im *Träumen* zu erreichen sind, wenn sich der Montagepunkt nahezu von selbst in sie hineinbewegt. Aus diesem Grund sind alle Leute um Carlos Castaneda akademisch gebildet und – hoffentlich – klare Denker. Damit will ich sagen, dass das eine unserer Aufgaben ist. Eine zeitgemäße Aufgabe der Zauberei ist es, die Fähigkeit zu entwickeln, kohärent und klar zu denken, zu erkennen, wo wir als Menschen stehen, was unser Potenzial ist, und dazu fähig zu sein, dies auch tatsächlich zu *sehen*, diese Ebene der Wahrheit zu erreichen, und das nicht nur über die Vernunft, sondern durch die Nutzung der Vernunft in ihrem strengsten Sinne und

Die Kunst des Pirschens

nicht etwa in der schludrigen Art, etwas vernünftelnd zu ergründen, dies dann aber gleich durch die eigenen gegensätzlichen Handlungen wieder ad absurdum zu führen, wie das leider die Art der meisten Menschen ist.

Bibliographie

Bücher

Abelar, Taisha: *Die Zauberin. Die magische Reise einer Frau auf dem toltekischen Weg des Wissens.* Frankfurt a.M. 1997 (Fischer TB).

Castaneda, Carlos: *Das Feuer von innen.* Frankfurt a.M. 1998 (Fischer TB).

Castaneda, Carlos: *Das Rad der Zeit. Das Vermächtnis des Don Juan.* Frankfurt a.M. 2001 (Fischer TB).

Castaneda, Carlos: *Das Wirken der Unendlichkeit.* Frankfurt a.M. 2000 (Fischer TB).

Castaneda, Carlos: *Der Ring der Kraft. Don Juan in den Städten.* Frankfurt a.M. 1998 (Fischer TB).

Castaneda, Carlos: *Der zweite Ring der Kraft.* Frankfurt a.M. 1998 (Fischer TB).

Castaneda, Carlos: *Die Kraft der Stille. Neue Lehren des Don Juan.* Frankfurt a.M. 1998 (Fischer TB).

Castaneda, Carlos: *Die Kunst des Pirschens.* Frankfurt a.M. 1998 (Fischer TB).

Castaneda, Carlos: *Die Kunst des Träumens.* Frankfurt a.M. 1998 (Fischer TB).

Castaneda, Carlos: *Die Lehren des Don Juan. Ein Yaqui-Weg des Wissens.* Frankfurt a.M. 1998 (Fischer TB).

Castaneda, Carlos: *Eine andere Wirklichkeit. Neue Gespräche mit Don Juan.* Frankfurt a.M. 1998 (Fischer TB).

Castaneda, Carlos: *Reise nach Ixtlan. Die Lehre des Don Juan.* Frankfurt a.M. 1998 (Fischer TB).

Castaneda, Carlos: *Tensegrity. Die magischen Bewegungen der Zauberer.* Frankfurt a.M. 1998 (S. Fischer).

Claßen, Norbert: *Carlos Castaneda und das Vermächtnis des Don Juan. Das Wissen der Tolteken in einer neuen Epoche.* Freiburg 1998 (Hans-Nietsch-Verlag).
Claßen, Norbert: *Das Wissen der Tolteken. Carlos Castaneda und die Philosophie des Don Juan.* Freiburg 2002 (Hans-Nietsch-Verlag).
Donner-Grau, Florinda: *Der Pfad des Träumens. Eine Initiation in die Welt der Zauberer.* Freiburg 2003 (Hans-Nietsch-Verlag).
Donner-Grau, Florinda: *Die Lehren der Hexe. Eine Frau auf den Spuren schamanischer Heiler.* Freiburg 2003 (Hans-Nietsch-Verlag).
Donner-Grau, Florinda: *Shabono. Eine Frau bei den Regenwald-Schamanen.* Freiburg 2003 (Hans-Nietsch-Verlag).

Videos

Carlos Castaneda's Tensegrity: *Teil 1 – Zwölf grundlegende Bewegungen zur Sammlung von Energie und Förderung des Wohlbefindens. Deutsche Version.* Freiburg 1998 (Hans-Nietsch-Verlag).
Carlos Castaneda's Tensegrity: *Teil 2 – Das Zurückführen verstreuter Energie. Deutsche Version.* Freiburg 1998 (Hans-Nietsch-Verlag).
Carlos Castaneda's Tensegrity: *Teil 3 – Der energetische Wechsel von einem biologischen Stamm zum anderen. Deutsche Version.* Freiburg 1998 (Hans-Nietsch-Verlag).
Carlos Castaneda's Tensegrity: *Die magischen Bewegungen der Zauberer. Unbeugsame Absicht. Deutsche Version.* Freiburg 1998 (Hans-Nietsch-Verlag).

BÜCHER ZUM LESEN & LEBEN

Norbert Claßen
Das Wissen der Tolteken

Eine umfassende Darstellung der toltekischen Lehre, wie sie von Carlos Castaneds überliefert wurde. Sie weist den Weg zu unermeßlichen Möglichkeiten unserer menschlichen Existenz.

324 Seiten, gebunden
Euro 19,90 (D), SFr. 33,60
ISBN 3-934647-47-2

Norbert Claßen
Carlos Castandeda und das Vermächtnis des Don Juan

Castaneda war jahrzehntelang vor allem dafür bekannt, unbekannt zu sein. Erst im Laufe der Zeit wurde klar, dass wir es mit einer realen Person zu tun hatten, deren Wirken und Weltsicht Norbert Claßen kenntnisreich beschreibt.

267 Seiten, gebunden
Euro 19,90 (D), SFr. 33,60
ISBN 3-929475-40-5

Carlos Castaneda
Tensegrity – Die magischen Bewegungen der Zauberer

Das erste Begleitvideo zu Castanedas 1998 erschienenem Bestseller „Tensegrity".

Video, 73 Minuten
Euro 35,90 (D), SFr. 62,10
Deutsche Version
ISBN 3-929475-94-4
Englische Version
ISBN 3-929475-95-2

Florinda Donner-Grau
Der Pfad des Träumens

Eine junge Anthropologin schildert einfühlsam ihre Initiation in die Welt des legendären Zauberers Don Juan. Gemeinsam mit Carlos Castaneda meistert sie die Kunst des Wachträumens.

360 Seiten, gebunden mit Schutzumschlag
Euro 19,90 (D), SFr. 33,60
ISBN 3-934647-55-3

Florinda Donner-Grau
Shabono

„Kein Zweifel, Shabono ist ein Meisterwerk. Es ist Kunst, Magie und Wissenschaft zugleich. Von Anfang bis Ende strahlt dieses Buch die übermächtige und abgründige Aura einer geheimnisvollen, magischen Welt aus."
(Carlos Castaneda)

327 Seiten, geb. mit SU
Euro 19,90 (D), SFr. 33,60
ISBN 3-934647-52-9

Florinda Donner-Grau
Die Lehren der Hexe

Der Erlebnisbericht einer jungen Anthropologin, die auf einer Reise beweisen muß, daß sie den „Weg des Kriegers" ganz allein gehen kann. In ihrem Geburtsland Venezuela gerät sie in den Bann der Hexe und Heilerin Dona Mercedes...

280 Seiten, gebunden
Euro 19,90 (D), SFr. 33,60
ISBN 3-929475-39-1